D1425497

PATRONS ET ADJOINTS

Les nouveaux associés

PATRONS ET ADJOINTS

Couverture : Sculpture de bronze :
«PATRONS ET ADJOINTS»
Œuvre de **Léopol Bourjoi**

Inspiré d'une œuvre antérieure de l'artiste intitulée « Devant Derrière » la sculpture présentée en couverture tente de démontrer la mise à nu du patron et de l'adjoint. Plusieurs liens unissent les deux personnages : ils représentent leurs intérêts et activités communes. Au bas de la sculpture, l'artiste a représenté les confrères qui participent à la destinée de l'entreprise. Au total, 135 heures de travail minutieux ont été nécessaires à la réalisation de cette œuvre.

Léopol Bourjoi est né à Montréal le 11 février 1950. Dès l'adolescence, l'artiste s'intéresse au dessin ; ensuite à la peinture et plus tard à la sculpture. En 1983, il découvre la sculpture de bronze et depuis, l'artiste ne travaille que ce matériau. Autodidacte, Léopol Bourjoi combine sa démarche artistique et ses habiletés acquises en milieu de travail.

Au cours des vingt dernières années, Léopol Bourjoi a exposé en solo à plusieurs reprises et participé à des expositions collectives dans les régions de Montréal et de Québec. Ses œuvres sont disséminées à la fois dans les collections corporatives ou privées et les galeries de diverses régions du Québec.

PATRONS ET ADJOINTS
Les nouveaux associés

ANDRÉ A. LAFRANCE

avec la collaboration de
DANIEL GIRARD

Publications
TRANSCONTINENTAL
inc.

Publications
TRANSCONTINENTAL
inc.

DIVISION DES LIVRES
410, rue St-Nicolas
Bureau 505
Montréal (Québec)
H2Y 2P5
(514) 284-0339

Conception graphique de la couverture :
Studio M. Saucier inc.

Photographie de la couverture :
Stéphane Cinq-Mars

Photographie de la couverture arrière :
Stéphane Dugas

Photocomposition et mise en page :
Graphiti inc.

Impression :
Interglobe inc.

Révision des textes :
Denyse Morin

Dépôt légal — 4e trimestre 1989
        Bibliothèque nationale du Québec
        Bibliothèque nationale du Canada

ISBN 2-921030-12-8

Je dédie ce livre à ceux qui, comme Louise Ranger, se sont associés, par leurs tâches d'adjoints à mes responsabilités de directeur du Centre audiovisuel de l'Université de Montréal pendant une dizaine d'années. Je leur dois une bonne partie de mes succès comme gestionnaire et de mes réflexions comme théoricien de la communication organisationnelle.

ANDRÉ A. LAFRANCE

AVANT-PROPOS

Pourquoi avoir écrit ce livre ?

L'idée de ce livre nous est venue de notre propre expérience. Nous fonctionnons, depuis deux ans, dans une relation de patron-adjoint. André A. Lafrance a eu de nombreux adjoints à la fois comme professeur et comme administrateur. Daniel Girard a travaillé comme adjoint dans plusieurs domaines.

Nous travaillons actuellement dans le cadre du Groupe d'intervention stratégique en communication organisationnelle (GISCOR) du département de Communication de l'Université de Montréal. L'un est chercheur-coordonnateur et l'autre, assistant de recherche. Nous avons dû définir nos rôles respectifs dans une unité de recherche relativement récente.

C'est en travaillant conjointement à la rédaction d'un livre sur les implantations bureautiques dans les petites et moyennes entreprises que nous avons commencé à discuter de la relation patron-adjoint, à la fois dans les observations que nous en faisions et dans le vécu de notre travail.

Nous avions à notre disposition l'expérience acquise et les instruments d'analyse de notre spécialité, la communication organisationnelle. Nous avons été en contact étroit avec des dizaines de patrons et d'adjoints dans le cadre de nos activités de consultation et de recherche. Nous avons observé leur comportement et discuté, avec eux, de leurs attentes et de leurs difficultés. Nos réflexes de chercheurs nous ont amenés à essayer de tirer des points communs et des leçons pour la bonne gestion d'une relation patron-adjoint.

Nous n'avons pas l'intention de présenter un résumé savant de ce qui a déjà été écrit sur l'adjoint (le genre d'ouvrage qu'on mentionne souvent, dans nos milieux universitaires, sous l'anglicisme *revue de littérature*). Et la raison est simple : il faudrait d'abord qu'il en existe des études scientifiques sur les adjoints ! Pour la préparation immédiate de ce livre, nous avons eu la déception de constater que l'adjoint est presque toujours absent des études et des préoccupations des théoriciens de l'organisation.

Mais, fort heureusement, les activités de l'adjoint rejoignent celles du patron. Pour ce livre, nous nous sommes longuement interrogés sur ses tâches de planificateur, de décideur ou de communicateur. Au fil des pages, nous mentionnerons certains auteurs et les effets de leurs théories sur la conduite quotidienne de la relation patron-adjoint. Pour ce qui est des considérations scientifiques habituelles (méthodologie de la recherche, corrélations statistiques ou analyse critique), nous invitons le lecteur à lire les écrits mentionnés ou nos propres articles dans les revues destinées au milieu universitaire. Pour l'instant, nous nous intéressons à l'avancement de votre carrière, de celle de votre patron ou adjoint et, bien sûr, au succès de vos entreprises.

Remerciements

Nous désirons remercier Nathalie Baudson pour sa participation à la recherche documentaire et nos collègues du Groupe d'intervention stratégique en communication organisationnelle (GISCOR) pour leurs encouragements et leurs suggestions.

André A. Lafrance

TABLE DES MATIÈRES

INTRODUCTION

La relation patron-adjoint est l'un des phénomènes les plus intéressants dans le fonctionnement des organisations, qu'il s'agisse d'une entreprise, d'un ministère ou d'une association professionnelle. Le couple ainsi formé doit assumer son union *pour le meilleur et pour le pire.* Les deux partenaires sentent très bien que leur sort est lié. Le patron tire profit des bons coups de son adjoint et subit les contrecoups de ses erreurs. L'adjoint est associé, pour longtemps, aux succès et aux échecs de son patron.

Le patron et l'adjoint ont donc tout intérêt à réussir leur *arrimage,* comme la navette spatiale et son module de transport, car l'un et l'autre se trouvent dans un environnement qui pourrait parfois se révéler très hostile à leurs projets.

Si l'on parle de *nouveaux associés,* c'est que la relation patron-adjoint s'inscrit dans deux courants qui influencent depuis quelques années la gestion des entreprises. Les restructurations, les variations du climat économique ont attiré l'attention des gestionnaires sur les problèmes humains. Ces derniers ont compris que l'une des clés du succès, c'est la motivation des employés. Ils ont donc mis au point toutes sortes de recettes pour tenter de les intéresser dans le fonctionnement de l'entreprise. Malheureusement trop souvent ces recettes mettaient l'accent sur les employés de la base (ce qui est bien en soi) et ne tenaient pas compte des collaborateurs immédiats dont l'intérêt était pris pour acquis. Certaines d'entre elles étant utilisées maladroitement, on avait même parfois l'impression que le patron pouvait se passer de ses collaborateurs et traiter directement avec les employés de la base.

L'autre courant — celui qui presse le gestionnaire à fournir des résultats à court terme — exige de celui-ci une politique de délégation qui rétablit l'importance de la relation patron-adjoint. Les actionnaires et les concurrents ne permettent plus à l'entreprise de *dormir sur ses lauriers*. Le gestionnaire doit être prêt à réagir rapidement. Il ne peut voir à tout ; il s'entoure d'adjoints qui démultiplient son action.

Les citations

Un certain nombre d'auteurs, dont les recherches et les écrits jettent un éclairage fort intéressant sur les entreprises et sur les activités de ceux qui y travaillent, ont inspiré certaines parties de ce livre. Le lecteur trouvera les citations et les références qui lui seront utiles s'il choisit de poursuivre ses réflexions dans ce sens.

Toutefois, il n'y a pas une seule théorie qui puisse tout expliquer. Certes il existe des dizaines ou même des centaines de théories de gestion. Mais au lieu de prendre la théorie A, B ou C, ce livre souscrit à la proposition de Bill Powell et choisit la théorie N : «No management theory works — at least not all the time». En français : aucune théorie de gestion n'est parfaite — du moins pas tout le temps (Newsweek, 16-03-89).

Il n'existe pas de réponse universelle aux problèmes quotidiens de l'entreprise. Et ce livre n'a pas la prétention d'en proposer une ! S'il véhiculait une théorie sous-jacente, ce serait probablement celle de la *contingence*. Les décisions ne sont jamais prises en fonction d'une analyse froide et rationnelle d'une situation. Il s'agit plutôt d'un processus qui, coup par coup, tient compte des intérêts personnels des intervenants et des alliances entre les décideurs, ce qui n'a rien de négatif. C'est une simple constatation dont on ne peut ignorer les conséquences sur la relation patron-adjoint. On pourrait même dire que cette relation devient encore plus importante lorsqu'on accorde un intérêt d'une aussi grande portée au facteur *humain* dans l'entreprise.

Les illustrations

Le texte est illustré d'exemples tirés de la presse d'affaires ou d'articles consacrés au monde des affaires dans la presse générale. Il s'agit de personnages ou d'entreprises assez connus pour que le lecteur puisse en comprendre l'importance et le contexte organisationnel.

Il y a aussi des dramatisations de situations inspirées, après les avoir masquées, des travaux des étudiants (provenant du milieu du travail) qui ont suivi le cours télévisé d'André A. Lafrance, *Communication et organisation*.

L'organisation et l'entreprise

Nous utilisons couramment le terme *organisation* pour représenter « cet ensemble de personnes qui, sur une base volontaire et durable, se regroupent et se répartissent des tâches pour atteindre un but qui répond à un besoin perçu dans l'environnement ». Cette définition est assez générale pour couvrir les organisations publiques et privées, avec ou sans but lucratif : gouvernements, associations, entreprises.

Dans ce livre, nous avons opté pour le terme *entreprise* afin d'éviter les malentendus que pourrait soulever le mot *organisation* chez un lecteur non familier avec la définition citée plus haut. Le terme recouvrira tous les milieux où peuvent se développer des relations patron-adjoint. Il véhiculera cette notion de dynamisme invoquée à la fois par l'analyse sémantique et le discours politique se rattachant aux mots *entreprise, entrepreneur* et *entrepreneurship.* Or, dans tous les cas, c'est vers ce dynamisme que se dirige la complicité patron-adjoint lorsqu'elle est libérée des entraves créées par un mauvais départ ou par des malentendus en cours de route. C'est une source potentielle de richesse pour les deux partenaires. À eux d'en tirer bénéfice en appliquant nos suggestions à cette *vie à deux* professionnelle — presque aussi importante que la vie personnelle en dehors du lieu de travail.

Les cadres ne doivent plus être seulement des machines à répartir les tâches et à contrôler les performances. Il faut qu'ils deviennent des relais dans une vaste opération de valorisation des personnes.

Dans son bulletin intitulé Megatrender, John Naisbitt, coauteur du best-seller In search of excellence, a résumé la question de la façon suivante : « Le défi de l'industrie, c'est de quitter une situation où les gestionnaires avaient traditionnellement (et supposément) toutes les réponses et devaient dire à tous quoi faire. Il faut passer à une nouvelle situation où les gestionnaires agissent plutôt comme facilitateurs, comme développeurs du potentiel humain. Pour l'entreprise qui a dû se réinventer à l'ère de l'information, le défi c'est donc de recycler les gestionnaires, et non les ouvriers » (cité par W. Steven Brown, 13 Fatal errors managers make and how you can avoid them).

L'entreprise est de plus en plus perçue comme un milieu de relations humaines. Ces relations sont devenues à la fois l'outil d'intervention privilégié du gestionnaire et l'instrument par excellence pour réussir les interventions plus techniques. La relation la plus importante est sans doute celle qui le lie à celui ou ceux qui remplissent les tâches de ce que nous appelons *l'adjoint.*

1 LES VISAGES DE L'ADJOINT

« Je me suis adressé à la secrétaire de l'assistant de l'adjoint de la directrice adjointe. » Qui n'a pas été saisi, un jour à l'autre, par cette caricature de la bureaucratie où les titres se multiplient comme des champignons... plus ou moins empoisonnés pour ceux qui doivent entrer en contact avec les personnes. Et pourtant, la nature extrêmement complexe des tâches du gestionnaire moderne devrait tout naturellement appeler la présence, à ses côtés, de personnes aptes à l'aider dans certaines de ces tâches.

Mais on pourrait dire que l'ensemble du personnel de l'entreprise est ainsi attaché au travail du gestionnaire. Qu'est-ce qui donne à certains d'entre eux la nature d'adjoint ?

Nous allons nous intéresser à toutes ces personnes qui, dans les entreprises, ont une fonction rattachée directement à celle d'une autre personne, que ce soit sous le nom d'adjoint, d'assistant, de secrétaire, d'attaché de presse ou de chef de cabinet. Car cette réalité se cache sous différents titres et bien des prétentions.

Les adjoints fonctionnels

Il y a des adjoints fonctionnels (*staff*) et des adjoints opérationnels (*line*). Dans sa compréhension la plus pure, l'adjoint est nécessairement *fonctionnel*. Pour éviter toute confusion avec le personnel opérationnel, il est important que ces personnes n'aient, par elles-mêmes, aucune autorité formelle sur un secteur de l'organisation. Comme nous le verrons au chapitre consacré aux tâches de *plombier*, l'adjoint peut parfois exercer une autorité sur un secteur de l'entreprise et représenter temporairement son patron dans des situations d'urgence. Il s'agit alors de répondre à un besoin bien défini. Dès que les objectifs recherchés sont atteints, il revient à ses tâches d'adjoint auprès du patron. C'est pourquoi il occupe une place facilement identifiable dans l'organigramme. Il est relié à son patron par une ligne horizontale comme un appendice en *cul-de-sac* ou en *circuit fermé*.

Les adjoints opérationnels

Par contre, certaines tâches d'adjoint sont remplies par des cadres qui ont des responsabilités opérationnelles. Ce livre s'adresse aussi à ces gens-là. Même si la gestion des employés dont ils sont responsables est un élément crucial de leur travail, les chapitres suivants concernent exclusivement leurs rapports avec le patron dans le cadre de l'autorité déléguée par ce dernier. Cet aspect est probablement celui qui a été le plus négligé jusqu'à aujourd'hui. Ils y trouveront des suggestions pour améliorer leur performance comme adjoint. C'est une condition fondamentale pour qu'ils puissent servir de lien productif entre leur supérieur et le secteur de l'entreprise, qui s'enrichit de contacts harmonieux.

On peut donc remplir des tâches d'adjoint à temps plein lorsqu'on a un titre d'adjoint ou un titre assimilé à celui d'adjoint. Mais on peut aussi exercer ces tâches à temps partiel lorsqu'elles font partie d'un ensemble d'autres tâches plus ou moins bien définies selon la structure de l'entreprise.

Pour bien comprendre la nature de ces tâches d'adjoint, il faut regarder ceux qui sont officiellement chargés de les remplir : les adjoints en titre. Leur statut donne une bonne idée de ce que les autres (les *temps partiel*) ont à faire lorsqu'ils doivent joindre à leurs tâches habituelles celles de l'adjoint.

Comment on devient adjoint

L'adjoint technique

Il possède une compétence technique qui comblera les besoins du patron pour la prise de décision. Il faut ici s'inscrire dans l'ère des patrons qui n'ont pas peur d'engager des personnes plus compétentes qu'eux-mêmes dans certains domaines.

Cette compétence peut aller de l'habileté à réaliser des analyses de dossiers statistiques au savoir-faire d'une secrétaire pour traiter le courrier ou coordonner un agenda. Cette sorte d'adjoint fait carrière dans la fonction qu'il occupe. Bien qu'il soit possible que certaines qualités personnelles l'amènent à postuler d'autres postes dans l'entreprise, sa compétence et son expertise le consacrent plutôt à des postes d'adjoint. Il ne s'agit pas d'un manque d'ambition, mais d'un choix de carrière justifié par le goût d'une spécialisation ou le contenu de sa formation scolaire.

C'est aussi ce genre d'adjoint qu'une nouvelle *maison mère* peut déléguer auprès des gestionnaires d'une entreprise qu'elle vient d'acquérir. C'est ce que fait Suzanne Blanchet, directrice générale de trois usines de la papetière Cascades. « Je tiens dans la mesure du possible, à ce que les responsabilités soient partagées avec les gens de l'endroit. D'ailleurs, les gens que j'envoie sur les lieux au moment de la prise en main d'une nouvelle usine n'y passent que quelques mois, une année ou deux tout au plus, et ils occupent pour la plupart des postes d'adjoints aux cadres en place » (Commerce, 12-88).

L'adjoint stagiaire

Certaines entreprises utilisent les postes d'adjoints pour compléter la formation de ceux qui pourraient devenir des cadres. Par un programme de rotation, ces stagiaires acquièrent une vue d'ensemble des activités. Les différents patrons avec lesquels ils sont appelés à travailler peuvent ainsi contribuer à leur développement professionnel et, par la suite, à l'évaluation de leur compétence pour les fins de promotion.

Il faut dire que la filière des postes d'adjoints est moins populaire que celle des postes de cadres intermédiaires. La nature ambiguë du poste d'adjoint apparaît dévalorisante pour le jeune carriériste. Il en arrive à s'approprier le vieux dicton chinois selon lequel « on ne prend pas le meilleur fer pour faire des clous comme on ne prend pas les meilleurs hommes pour faire des soldats ». Il ne croit pas qu'un poste d'adjoint soit digne de son talent et de son ambition. Il a l'impression de s'en mettre plus sous la dent dans des postes de gestion où il prend de lui-même et en son propre nom des décisions qui influencent l'avenir de l'entreprise... et le sien !

Le problème de la filière de la promotion dans l'échelle des cadres, c'est que le candidat ne s'approchera des hautes responsabilités qu'au moment où il sera appelé à assumer la succession d'un cadre supérieur. Dans le poste d'adjoint, il peut y avoir accès directement sans craindre qu'une erreur d'apprentissage ne mette en péril sa carrière... et l'entreprise. La culture de l'entreprise pourrait-elle faire accepter un heureux mélange des deux filières ?

L'adjoint héritier

Dans le cas précédent, il s'agit d'une pratique propre à l'entreprise. L'adjoint héritier est, quant à lui, directement choisi par le patron dans la perspective clairement annoncée de la succession. On sait que la succession d'un cadre supérieur est une opération extrêmement délicate. «Il est très rare que les présidents préparent leur succession. La nature humaine étant ce qu'elle est, les présidents se sentent souvent menacés par les jeunes ambitieux» (Marie-Josée Demers d'Interpsychorp, citée dans <u>Commerce</u>, 12-87). Et pourtant, ce serait sûrement la meilleure solution pour préparer la relève et maintenir le cap.

Les vertus d'un titre

Nous avons déjà signalé que le titre d'adjoint n'est pas nécessairement donné à tous ceux qui exercent des tâches reliées à cette fonction. Nos entreprises et nos gouvernements ont, depuis longtemps, cédé à la tentation de l'inflation des titres. Dans un article consacré à la maison de courtage canadienne Lévesque Beaubien Geoffrion, le journaliste Miville Tremblay donne un excellent exemple de cette situation : «...comme c'est devenu l'usage dans l'industrie des services financiers, les vice-présidents se ramassent à la pelle ; marketing oblige, dit-on. On compte donc trois premiers vice-présidents exécutifs, 23 premiers vice-présidents et 111 vice-présidents. En tout, il y a un vice-président quelconque pour 10 employés ! Il n'y a pas de gros vendeur qui ne soit vice-président» (<u>La Presse</u>, 28-07-89).

Il faut donc se méfier des titres. Ce n'est pas parce qu'on a un titre fort éloigné de celui d'adjoint qu'on n'a pas à remplir certaines des tâches décrites plus loin. Le lecteur aurait donc avantage à parcourir ce livre avant de conclure que la relation patron-adjoint ne le concerne pas. Car, qui peut vraiment prétendre n'être ni bénéficiaire (le patron) ni agent (l'adjoint) de l'une ou l'autre des tâches qui composent l'objet de ce livre ?

Certaines de ces tâches peuvent très bien côtoyer des responsabilités opérationnelles. Un vice-président à la production écrira un discours pour le président. Un directeur des finances qui a la confiance du président servira de médiateur entre un fournisseur et le service des achats, avec ou sans la permission de son propre supérieur hiérarchique.

Il y a aussi des fonctions apparemment d'employés de bureau qui s'enrichissent de tâches propres à l'adjoint. Bien que tous les titres que nous mentionnons dans ce livre concernent autant les femmes que les hommes, il faut parler ici d'un poste qui, pour toutes sortes de raisons, a été occupé par des femmes. Il s'agit des secrétaires dont les patrons ont fait aussi bien des assistantes que des servantes sans pour autant que ces responsabilités se répercutent sur leur salaire.

Dans un article consacré aux secrétaires, Suzanne Gagné signalait déjà en 1986 que le métier de secrétaire était en train de changer. Elle citait une jeune secrétaire qui disait « Je ne travaille pas *pour* mon patron. Je travaille *avec* lui à des projets communs. C'est toute la différence. » Mais là non plus il ne faut pas se fier au titre. Une autre secrétaire déclarait : « Là où je travaillais, et contrairement à plusieurs secrétaires, j'avais un titre pompeux d'assistante à la direction, mais les tâches d'une secrétaire junior et le salaire d'une réceptionniste » (Châtelaine, 09-86).

Les auteurs du livre FDG : Le guide du futur directeur général ont fait la liste des qualités attendues d'une secrétaire. On pourrait dire qu'elles font aussi partie du portrait de la plupart des adjoints . Citons-en quelques-unes :

« Une mémoire exceptionnelle qui lui permet de se souvenir des rendez-vous qu'IL a oublié de lui signaler.

Un don exceptionnel de voyance pour découvrir les dates des anniversaires dont IL ne lui a jamais parlé.

L'imagination nécessaire pour expliquer que Ses erreurs éventuelles et pourtant si rares ne peuvent être dues qu'à l'incompétence d'un autre service, ou à une catastrophe naturelle.

La ponctualité qu'IL ne peut avoir lui-même.

Enfin, des talents d'hôtesse, de comptable, de réceptionniste, d'infirmière, de couturière, de psychologue, de barmaid...» (Jean-Loup Chiflet et Marie Garagnoux, FDG : Le guide du futur directeur général).

L'adjoint, c'est souvent tout ça AUSSI !

L'importance du patron ou l'importance de l'adjoint

Si l'adjoint peut porter différents titres, il faut dire que le titre même d'adjoint apparaît souvent comme un instrument de promotion, non pas pour le titulaire mais pour son patron. C'est un symptôme du *classement à moquette*, c'est-à-dire l'évaluation de l'importance d'un gestionnaire par l'épaisseur de la moquette ou le style de mobilier de son bureau. Le poids d'un patron semble établi par le titre et le nombre des collaborateurs qui entourent son nom dans l'organigramme. Mais la réalité est parfois moins spectaculaire. On trouve souvent des descriptions de tâches semblables : «Il exerce *les mêmes tâches* que les employés du niveau précédent à des degrés hiérarchiques très élevés tels que ministre, sous-ministre, président, vice-président d'une moyenne ou d'une grosse entreprise.»

Pour dépister la présence d'un adjoint en titre ou masqué, il faut regarder non pas l'organigramme ou les plaques sur les portes, mais la réalité vécue par les acteurs de l'entreprise. Ce sont eux qui savent vraiment ce qu'ils font et qui peuvent évaluer leur travail par rapport à ce que nous décrivons comme les tâches et les préoccupations de l'adjoint. La seule information crédible est celle qui provient de ceux qui parlent en connaissance de cause. Aux courses, les anglophones aiment parier sur l'information provenant de source sûre — *from the horse's mouth*, disent-ils. C'est peut-être pour cela qu'en jargon du Pentagone, à Washington, l'assistant exécutif (un de ces adjoints-plombiers dont nous parlerons plus loin) d'un officier supérieur s'appelle *horseholder* (écuyer) (<u>Newsweek</u>, 24-07-89).

Il faut ajouter que les titulaires d'un poste d'adjoint sont eux-mêmes victimes de l'inflation hiérarchique. Il est probablement plus glorieux de s'appeler *premier assistant* ou *vice-machin* qu'adjoint, même si l'on se contente d'ouvrir le courrier !

Les faux adjoints

Si certains adjoints ne portent le titre que pour appuyer l'importance d'un patron, d'autres ne le font que pour satisfaire aux conventions des guerres hiérarchiques qui se jouent au sein de l'entreprise.

Lorsque qu'un pdg est limogé, on peut lui assurer une retraite dorée ou une *tablette* paisible sur laquelle il ira ramasser de la poussière (elle aussi dorée) jusqu'au moment où il aura droit à une vraie retraite de la même couleur. Si l'entreprise privée préfère les solutions plus clairement finales, quitte à les adoucir par des parachutes également dorés (prime de départ et autres avantages non disponibles au commun des mortels et des gestionnaires), l'entreprise d'État préfère éviter les départs précipités et les soupçons de scandale qu'ils soulèvent.

Alors le cadre supérieur dont les services ne sont plus requis devient le *conseiller spécial* de son remplaçant. On devrait théoriquement lui donner des tâches — que nous appelerons plus loin *de cuisinier* (cuisiner ses dossiers) — pour aider son successeur à comprendre une situation. En fait, quand on le sort de son *garage*, ce pseudo-adjoint sert surtout de délégué à l'alcool pour porter des toasts lors de cérémonies plus intéressantes pour les invités que pour les hôtes.

Comme dans les problèmes de géométrie, il y a un corollaire à ce postulat de la *tablette*. Quand on sent qu'un cadre supérieur est en train de perdre pied, on lui assigne un adjoint. Il s'agit surtout d'un prince couronné qui fait ses classes auprès du roi condamné à la guillotine à plus ou moins brève échéance. S'il est vrai qu'il y a toujours un peu de fantasme *patronicide* dans la vie d'un adjoint, cette situation dépasse largement les espoirs acceptables que peut avoir un adjoint de remplacer un jour son patron. Cet adjoint a été choisi et imposé par le patron du patron (supérieur hiérarchique ou conseil d'administration). Il peut traiter directement avec ce dernier, alors que ce jeu de saute-mouton est l'un des interdits fondamentaux de la relation patron-adjoint.

Nous ne parlons pas ici de l'adjoint que le patron a lui-même choisi comme héritier. L'adjoint-remplaçant ne jouit pas facilement de la confiance du patron alors que l'adjoint-héritier peut compter sur un double intérêt de la part de ce patron : réussir à la fois sa délégation et sa succession.

Dans le cas de l'adjoint-tablette et de l'adjoint-remplaçant, on peut retrouver l'exercice des tâches de l'adjoint. Cet exercice se joue toutefois dans un contexte allégé pour l'adjoint-tablette et alourdi pour l'adjoint-remplaçant.

Les solutions de rechange

Il pourrait arriver que l'adjoint soit un employé qui ne souhaite pas travailler à plein temps : un cadre désirant conserver une partie de son temps pour élever sa famille, s'occuper d'un parent malade ou tout simplement se livrer à une activité personnelle. Au lieu de perdre son expertise, on lui donnerait une tâche d'adjoint qui lui permette de rester en contact avec l'entreprise et d'y revenir à plein temps au moment de son choix.

Les développements technologiques facilitent le travail à domicile. L'adjoint n'est pas obligé de passer son temps au bureau pour remplir ce que nous allons appeler des tâches de *cuisinier*. Avec un téléphone, un ordinateur équipé d'un modem de transmission par ligne téléphonique et un appareil de facsimilé (FAX), il peut rester en contact avec son patron et échanger les documents qui servent de base à son travail. Toutefois nous ne croyons pas qu'il soit possible de maintenir la relation patron-adjoint sans des contacts personnels réguliers. L'un n'interdit pas l'autre.

« Il n'y a après tout aucun substitut à la rencontre personnelle, chargée de langage corporel et de communication subtile d'émotion... De plus en plus les travailleurs pourront trouver de bonnes raisons de ne pas y venir (au bureau) — même si quelques-uns d'entre eux finiront par réaliser toute l'importance du temps passé à l'abreuvoir » (Fortune, 03-09-84).

Une relation binaire

Quel que soit son titre et sa raison d'être, l'adjoint devrait donc apporter une collaboration précieuse à celui dont il est censé dépendre. Tous deux vivent l'exemple parfait de la relation dite binaire. Ils ont besoin l'un de l'autre comme le blanc a besoin du noir, le positif du négatif et le 1 du 0 pour exister.

Dans le couple 0-1, le 0 peut être considéré à la fois comme un point nul et un complémentaire du 1. Ainsi le patron devrait pouvoir fonctionner efficacement avec l'aide de son complément (son adjoint), même s'il lui est opposé à certains niveaux particuliers. Il y a donc comme une magie dans la paire patron-adjoint qui sait trouver, dans ses différences, les éléments qui permettent au patron de faire face au destin... et aux imprévus de ses entreprises.

Question de dépendance et d'indépendance

Par la définition habituelle du terme *adjoint*, celui qui exerce des tâches rattachées à ce titre ne devrait exister que par la volonté de celui dont il est l'adjoint alors que son patron pourrait très bien, du moins en principe, exister sans lui.

Christine Morin-Postel est directrice générale adjointe à la Lyonnaise des eaux. Elle a été chargée de différentes responsabilités supérieures dans la diversification et l'internationalisation de l'entreprise, qui veut se spécialiser dans les services aux collectivités locales. Bien qu'elle ait eu des postes opérationnels, elle a rempli pour le président Jérôme Monod des tâches qui relèvent de notre définition d'adjoint. Après avoir fait un portrait louangeur de Christine Morin-Postel — «CMP : C comme charisme, M comme magnétisme, P comme persuasion» — le journaliste de la revue L'Expansion rappelle une des lois fondamentales de la relation patron-adjoint : «Pourtant, Christine Morin-Postel pourrait-elle exister sans Jérôme Monod? Certes, on la voit défendre bec et ongles ses dossiers dans les conseils de direction. Mais stratégie et tactique restent imaginées, décidées et impulsées par le président. Ne reconnaît-elle pas qu'elle ne donne son maximum qu'une fois sûre d'être dans la ligne de sa hiérarchie? On n'en disconvient pas autour d'elle car sa spectaculaire percée est en quelque sorte le précipité d'une alchimie qui conjuguerait : 1. d'énormes capitaux à sa disposition ; 2. Jérôme Monod ; 3. Jérôme Monod» (L'Expansion, 13-04-89).

Le sort qui est réservé à l'adjoint dépend en partie des orientations et des objectifs à court et long termes du patron. En fin de compte son succès se mesure à celui du patron, dont il s'est engagé à préparer les avants et à protéger les arrières.

Pourtant, l'adjoint intelligent se trouvera constamment en position d'affirmer son indépendance du patron. C'est sa compétence personnelle qui pourra lui assurer, dans un jeu d'interaction, une vrai complémentarité avec lui. Le respect de cette valeur indépendante lui conserve le pouvoir de critiquer et de contester en privé les affirmations du patron sans jamais le désapprouver publiquement.

Il pourrait donc y avoir une certaine abnégation de la part de l'adjoint qui accepte de travailler dans l'ombre de son patron. Mais il y a aussi une certaine fierté à attacher *sa barque à un paquebot qui sillonne les mers*. Il est vrai que le paquebot peut se transformer en chalutier qui peine misérablement sur des rivières perdues. À ce moment le paquebot peut habilement se laisser tirer par les « remorqueurs » que sont les compétences personnelles de ses adjoints. C'est pourquoi un adjoint solide sera dans l'intimité davantage *un associé* avec des droits de penser, de réfléchir et de critiquer.

L'adjoint et l'entreprise

En ce qui concerne l'adjoint, la communication bidirectionnelle ne se fait officiellement qu'entre lui et son patron. Mais cela ne veut pas dire qu'il fonctionne en vase clos, complètement coupé du reste de l'entreprise.

L'adjoint doit maintenir des communications avec l'ensemble de l'entreprise (ou du moins l'ensemble du secteur avec lequel le patron est lui-même en communication), à condition toutefois qu'elles se situent dans le cadre limité d'échanges d'information et non de l'expression d'une autorité personnelle. En soi le bon adjoint possède des qualités incontestables d'empathie avec tous les paliers organisationnels. Il sait créer des relations informelles qui le préviennent des problèmes qui pourraient surgir et lui fournissent rapidement des réponses aux questions qui préoccupent son patron.

D'une certaine façon, il reproduit sur des aspects particuliers les actions que son patron pose globalement. Il applique sa propre compétence à l'analyse, à la préparation et à l'exécution des gestes du patron.

2 | LES FACTEURS PST

La relation patron-adjoint implique la rencontre de deux personnalités qui peuvent se ressembler, se compléter, s'annuler ou s'opposer. Ces personnalités ont des caractéristiques qu'il importe d'identifier afin d'en tirer le meilleur profit possible lors de l'élaboration d'une stratégie de travail satisfaisante pour les deux partenaires.

Nous classons ces caractéristiques dans le cadre de ce que nous appelons les facteurs PST, pour **psycho-socio-technique**. Nous ne donnons pas à ces termes une signification restrictive comme le font les différentes disciplines scientifiques qui les utilisent pour définir leurs champs de recherche. Ils servent plutôt à classer un certain nombre de comportements et d'attitudes propres à la personnalité d'un patron et d'un adjoint, de telle sorte que l'un et l'autre puissent comprendre les attentes du partenaire et y répondre de façon satisfaisante pour les deux parties.

Nous ne parlerons pas pour l'instant des caractéristiques propres au patron ou à l'adjoint. Notre classification présente des caractéristiques qu'ils détiennent *l'un et l'autre* en tant qu'individus en dehors de leur *cohabitation* actuelle. Nous verrons plus loin que chacun devra tenir compte des caractéristiques de l'autre pour développer les siennes. Et nous en tirerons des leçons pour la sélection d'un *bon* adjoint... et d'un *bon* patron.

LE FACTEUR PSYCHO

Le facteur *psycho* recouvre les comportements habituels d'un individu face aux circonstances de la vie. Comme la prise de décision est l'objectif fondamental de l'activité du patron, l'adjoint intervient régulièrement dans la prévision, la préparation ou l'exécution de cette prise de décision. Chez l'un comme chez l'autre, certains comportements acquis influencent la façon de préparer, de prendre ou d'exécuter les décisions.

Le raisonnement : séquentiel ou matriciel

Le raisonnement concerne la façon d'aborder les problèmes. Si une personne les aborde de façon séquentielle, elle limite son attention à un seul problème à la fois. Elle concentre toute son énergie à l'étudier et à le régler. Quand le problème se présente, elle consulte par téléphone ou fait une visite éclair au bureau de toutes les personnes intéressées. Une fois qu'elle a identifié deux ou trois solutions, elle convoque une réunion de ses collaborateurs afin d'obtenir leur avis. Puis elle annonce sa décision et s'assure qu'elle est bien exécutée.

Par contre, si elle raisonne de façon matricielle, elle aborde plusieurs problèmes à la fois en tirant avantage de la synergie que peuvent entraîner le roulement et le croisement continus des solutions envisagées.

Il peut s'agir d'une volonté stratégique de considérer l'organisation comme une suite de problèmes et de décisions ou, à l'opposé, comme un enchevêtrement (une matrice) de problèmes et de décisions qu'il est impossible et même imprudent de dissocier.

Dans la façon séquentielle, une décision portant sur les achats de matières premières est traitée en fonction des coûts de revient et des prix de vente. Elle peut même tenir compte de l'aspect ressources humaines. Mais cet aspect est perçu comme accessoire ou comme une variable dépendante de la prise de décision. Dans la façon matricielle, on s'intéresse à l'achat, puis à la politique de ressources humaines. On revient aux achats et on poursuit avec un projet de marketing. Sans pour autant mêler les questions, on croit que les différentes hypothèses étudiées pour arriver aux prises de décisions entraîneront des idées générales qui dépasseront et alimenteront le cadre de chacune d'elles.

CAS

«Je suis incapable de m'arrêter bien longtemps à une seule question. Mon entreprise fonctionne beaucoup trop vite pour cela. Les problèmes arrivent tous en même temps et c'est mon rôle de m'en occuper dès qu'ils se présentent.»

En apparence fort constructive, cette approche synergique cache souvent une nervosité mentale qui empêche l'individu de se concentrer sur un problème jusqu'à sa solution. Elle peut se solder par de la tergiversation chronique qui retarde la prise de décision, sous prétexte qu'apparaît dans le calendrier un problème d'une priorité soudainement impérieuse.

Par ailleurs, le raisonnement séquentiel peut justifier une vision microscopique de l'organisation. On s'attache à des tranches d'activité. On les fouille. On les ausculte. On pratique une démarche de laboratoire en sortant le problème de son contexte pour le glisser sous la lentille d'instruments de plus en plus spécialisés. On en arrive, là aussi, à ne pas décider et à laisser le problème se résorber de lui-même ou se développer de telle sorte qu'il dépasse les responsabilités et la zone d'intervention de l'individu concerné. (Le kyste ignoré par l'omnipraticien devient le cancer du chirurgien.) Ou encore, on ne s'attarde qu'à des problèmes secondaires qu'on sait pouvoir maîtriser et on laisse filer des problèmes plus importants dans l'attente d'un traitement selon l'ordre d'arrivée.

Il ne s'agit pas ici de valoriser un raisonnement. Comme on a pu le voir, tous deux possèdent des vertus et des vices. L'important, c'est de connaître celui qu'on utilise le plus souvent et d'en tenir compte dans l'*arrimage* entre les deux partenaires.

La décision : réactive ou pro-active

Si l'objectif est la prise de décision, celle-ci se situe dans un continuum d'activités organisationnelles. Est-on à la remorque de l'évolution de l'organisation ou cherche-t-on à la devancer par des décisions qui appellent le changement jugé nécessaire à la réalisation de cette évolution ?

L'entreprise n'existe que pour répondre à un besoin du milieu. C'est la loi du marketing. On vend un produit ou un service qui devrait trouver preneur dans le marché visé. Mais ce marché change : les modes et les idéologies passent, les concurrents s'installent, le contexte économique fluctue. L'organisation doit s'adapter à ce changement pour se maintenir en état de fonctionner. Il ne s'agit pas seulement de maintenir le statu quo mais aussi de développer son champ d'action, d'augmenter son marché, sa clientèle, ses adhérents ou son électorat.

Par ailleurs, l'entreprise elle-même change. Son personnel vieillit, son équipement s'use ou stagne par rapport aux nouveautés technologiques intégrées dans son environnement.

Le changement interne aussi bien que le changement externe appellent une intervention des décideurs. Ceux-ci peuvent attendre que l'écart entre l'état de l'entreprise et les attentes de son milieu devienne apparent sous la forme d'une perte de marché. Ils peuvent ignorer l'évolution des besoins de leur personnel et se retrouver devant un conflit de travail. Alors ils réagissent.

CAS

« Il est extrêmement prudent. Il ne va jamais au devant des coups. Chacun de ses gestes est étudié en fonction des attentes de ceux qui l'entourent. »

Si les décideurs avaient été pro-actifs au lieu de réactifs, ils auraient prévu l'écart ou le conflit et instauré les changements susceptibles de les éviter. Néanmoins les pro-actifs courent le risque de se tromper. Contrairement aux réactifs, ils n'ont pas en main toutes les données du problème puisque, lorsqu'ils l'abordent, il n'a pas atteint son point culminant (sinon, ils seraient réactifs). Leur analyse, trop rapide, peut identifier des éléments qui ne sont pas vraiment dysfonctionnels. Ceci entraîne un changement inutile ou, pire, générateur de nouveaux problèmes.

Selon François Bus (<u>Communiquer et manager à distance</u>), il est illusoire d'espérer qu'une décision puisse faire totalement disparaître un problème. Une bonne décision serait celle qui réussirait à remplacer un problème par un plus petit. Sans partager son scepticisme, il faut remarquer que tout changement entraîne un choc de plus ou moins grande amplitude dans l'entreprise. On force ses membres à modifier leurs habitudes, et cela ne se fait pas sans heurt. On doit donc évaluer les risques d'un changement par rapport aux risques de garder le statu quo. Ce point est crucial dans toute prise de décision. Le pro-actif devance cette phase afin de choisir lui-même le moment et le terrain de sa confrontation ; le réactif l'attend afin qu'il soit bien au centre de la mire pour tirer.

Si ces deux comportements s'appliquent au changement organisationnel, on les retrouve aussi dans le changement personnel. On se contente des tâches et des responsabilités assignées ou on les développe en cherchant les points d'expansion et les zones de besoin.

On a déjà décrit les réactifs comme des thermomètres et les pro-actifs comme des thermostats. Les premiers mesurent le degré de changement nécessaire ou atteint dans l'environnement et s'y adaptent. Les seconds se fixent un objectif de changement et s'activent ou activent l'organisation jusqu'à ce qu'il soit atteint.

Le rythme : lièvre ou tortue ; coq ou hibou

On a beaucoup parlé, ces dernières années, des rythmes biologiques. Les personnes, comme les animaux ou les plantes, auraient une horloge et un calendrier internes qui détermineraient leurs périodes de rendement optimal. Chacun des partenaires de la relation patron-adjoint possède son rythme personnel. Signalons-en deux aspects.

Empruntant à la célèbre fable de Lafontaine, disons qu'on peut être lièvre ou tortue. Le lièvre travaille vite pendant des périodes intenses mais relativement courtes. La tortue fonctionne lentement sur de longues périodes sans se fatiguer.

Le lièvre entre au bureau souvent tôt le matin. Il lit son courrier, étudie les rapports et revoit son agenda. Puis il descend à la cafeteria ou au restaurant du coin et prend un long petit-déjeuner en lisant son journal ou en bavardant avec les habitués. Il remonte à son bureau vers 10 heures pour une réunion animée avec ses collaborateurs. Après quelques coups de téléphone pour confirmer ou préparer les rendez-vous de l'après-midi, il quitte vers 11 h 30 pour un repas d'affaires... dont les affaires seront bâclées pendant les deux apéritifs. Il revient au bureau pour son premier rendez-vous à 14 h 30. Une demi-heure plus tard, c'est le café dans le bureau d'un collègue pour faire le point sur le match de hockey ou de soccer de la veille. À 16 h 30, il convoque un collaborateur pour un échange musclé sur un problème urgent. Il oublie que ce dernier doit partir à 17 h pour respecter une entente de covoiturage. Il est pris par l'importance de son sujet. À 18 h, il téléphone à la maison pour annoncer qu'il doit assister à une réunion de son association professionnelle. À 20 h, il assiste au repas d'usage à la même table que ses principaux concurrents. À 21 h 30, avant le discours du conférencier d'honneur, il doit quitter pour repasser au bureau afin de lire un document urgent. Il tape sur son ordinateur des instructions qui seront le lendemain distribuées par courrier électronique. Au cas où il lui viendrait d'autres idées, il met le rapport dans sa mallette. Il aura peut-être le temps de le lire le lendemain dans l'avion qui le conduira dans un camp de pêche pour trois jours de vacances *bien méritées*.

On retrouve un type particulier de lièvre dans plusieurs entreprises. Celles-ci ne l'intéressent que si elles sollicitent une surcharge d'attention de sa part. Puis il les oublient jusqu'à la prochaine crise. Pour ceux qui dépendent de lui dans l'entreprise, le lièvre n'apparaît que pour redistribuer les cartes d'un jeu qu'ils devront par la suite relancer eux-mêmes. Par exemple, un ancien collaborateur de Warren Avis (président fondateur de la firme portant son nom) disait : « Warren fait tout pour acquérir le contrôle d'une entreprise mais, par la suite, il n'a pas le temps de la contrôler ! » (Business Week, 11-11-85).

La tortue fait du 9 à 5. Elle se permet bien de temps en temps une entrée tardive ou une sortie précoce mais elle reprend ce temps le lendemain. Elle lit son courrier et y répond systématiquement. Les décisions se prennent lentement, sans cassure dans le processus d'analyse. Pour employer une analogie crue mais bien descriptive, il n'y a pas dans son activité d'orgasmes décisionnels. Son milieu n'a pas l'impression, comme avec le lièvre, de voyager en montagnes russes , c'est-à-dire de vivre des montées désarmantes avant d'entreprendre des descentes vertigineuses, certaines mais imprévisibles.

Si le lièvre est spectaculaire, la tortue est rassurante... et ennuyante. Contrairement à la fable, les deux compères peuvent être gagnants. Encore doivent-ils être conscients des effets de leur comportement sur ceux qui travaillent avec eux. Sinon ils risquent de se retrouver seuls au fil d'arrivée. Or, dans une entreprise, personne n'a jamais gagné de médaille pour cet exploit !

Les rythmes de travail peuvent suivre des cycles imprévisibles de hautes et de basses performances. Mais ces cycles peuvent aussi avoir un caractère prévisible, s'ils suivent par exemple les périodes de la journée. Certaines personnes sont plus actives en début de journée alors qu'elles puisent à même l'énergie accumulée au cours de la nuit de repos et considèrent d'un regard rajeuni les problèmes abandonnés la veille sur le coin du bureau. Certaines tablent même sur une réflexion inconsciente qui se serait déroulée dans le rêve et se révélerait à la conscience au moment opportun.

Pour rester dans notre métaphore animale, ces héros du matin pourraient s'appeler les coqs alors que les hiboux seraient ceux dont l'énergie progresse au cours de la journée pour atteindre son apothéose en fin d'après-midi et en soirée. Si l'opposition coq-hibou a pu handicaper la vie amoureuse de nombreux couples, on imagine facilement les difficultés qu'elle engendre dans un milieu de travail.

Le relationnel : solitaire ou grégaire

Une entreprise est essentiellement un regroupement de personnes qui se répartissent des tâches pour atteindre un but commun. Celui qui y travaille doit donc tenir compte des autres. Par contre, cela ne veut pas dire qu'on doive nécessairement travailler en groupe.

Chaque membre de l'organisation a une propension naturelle à s'isoler ou à se regrouper dans les moments cruciaux de son activité. Certains sont plutôt solitaires. Ils aiment bien fermer la porte de leur bureau pour réfléchir et prendre des décisions. D'autres, plutôt grégaires, aiment s'entourer de complices pour réfléchir à haute voix et confronter leurs solutions aux évaluations des autres. Ce dernier comportement peut venir d'une insécurité fondamentale, mais aussi de la stimulation qu'apporte la nécessité de verbaliser ses idées afin de convaincre ses interlocuteurs. C'est comme un jeu qui alimente l'imagination, même si les règlements sont conçus de telle sorte que leur initiateur garde toutes les cartes en main.

Jean-Marie Descarpenties, directeur général de Carnaud (devenue CMB Packaging) est l'un de ces patrons grégaires. Un journaliste de la revue L'Expansion le décrit comme un des grands maréchaux de Napoléon : « C'est sûr : Descarpentries, petit, a dû choir dans la vigoureuse potion d'où sortaient les maréchaux d'Empire. Il est de la race. Comme eux fort en gueule, le tutoiement facile et le coude à coude spontané ; houspillant ses gars dans la mêlée, les échauffant par de bruyants défis, cent fois les relançant à la charge, pétant d'orgueil à chacun de leurs exploits et désignant les héros sur le front des troupes ; puis chaleureux au bivouac, la pinte légère et la blague salace... » (L'Expansion, 02-12-88).

Quant au solitaire, il ne l'est pas uniquement dans les moments intenses de sa vie professionnelle, comme au moment de la prise de décision. Il s'entoure d'une barrière personnelle qui interdit toute intimité dans le discours. (Pour ce qui est de l'intimité dans le comportement, ce genre d'échange dépasse le cadre de notre étude, bien qu'il puisse parfois découler tout naturellement du discours.) Le solitaire obsessif refuse de parler de sa vie privée ou d'entendre parler de celle des autres. Il y a un mur qui sépare vie privée et vie professionnelle. On pourra lui suggérer que les conversations informelles bâtissent des ponts entre les individus ; que des collaborateurs qui se découvrent des goûts ou des obsessions semblables apprennent à se respecter et même à s'accepter... ce qui pourrait être fort utile dans le branle-bas quotidien des activités organisationnelles. Lui, il ne voit pas l'intérêt de ces échanges qui grugent le temps consacré aux tâches de chacun. Même en dehors des heures de travail, il rejette toute tentative de franchir le mur comme Bernard Arnault, 39 ans, pdg de Moet Hennessy Louis Vuitton. « Il est froid envers ses subordonnés. Un cadre avait fini par trouver le courage d'inviter le patron à manger après avoir travaillé pour lui depuis plusieurs années. « Vraiment ? » Lui a répondu Arnaud. « Avons-nous vraiment quelque chose à nous dire ? » (Fortune 02-01-89).

Chaque partenaire retrouve donc un certain nombre de facteurs psycho dans sa personnalité ou dans celle de son partenaire :

— séquenciel ou matriciel ?

— réactif ou pro-actif ?

— lièvre ou tortue ?

— coq ou hibou ?

LE FACTEUR SOCIO

Dans le facteur *socio*, on trouve les attitudes d'une personne face à son milieu : comment elle voit l'action de ceux qui y travaillent ; quelles sont, d'après elle, les raisons pour lesquelles ils le font ; comment, tenant compte de cela, elle agit pour se faire entendre et écouter.

L'idéologie : X ou Y

L'idéologie, c'est la façon d'envisager le milieu de travail. Douglas McGregor est un théoricien qui a eu l'idée d'étudier les idées qui se cachent derrière les programmes américains d'enseignement universitaire pour la formation des gestionnaires. Il a découvert que ces programmes pouvaient se résumer en deux grandes idéologies qu'il a appelées *théories X et Y* (The Human Side of Entreprise).

Selon la théorie X, l'être humain n'aime pas le travail. Il ne l'accepte que pour en recevoir une récompense tangible lui permettant d'assurer sa sécurité. En corollaire, il rejette tout ce qui pourrait contribuer à lui causer de l'insécurité — aussi bien le risque de perte d'emploi que l'augmentation d'une marge de manœuvre et, par le fait même, du risque d'erreur... et de perte d'emploi.

| CAS | «Mon patron est un gars qui aime prendre des risques. Alors, je le laisse faire. Moi, je protège mes arrières. Je ne veux pas de trouble. S'il aime à se cassser la gueule, c'est |

son affaire!»

L'entreprise doit donc réduire cette insécurité en précisant et limitant la façon d'exécuter les tâches qu'elle confie à chacun de ses employés. Et elle peut contrôler leur rendement en jouant exclusivement sur le niveau de sécurité qu'elle leur accorde.

| CAS | «Mes employés ne veulent pas que je leur casse les oreilles avec mes problèmes de gestion. Je les connais. Tout ce qu'ils veulent, c'est que j'assure le succès de |

l'entreprise et, avec cela, leur paie tous les quinze jours.»

À l'opposé, la théorie Y base sa politique de gestion sur ce qu'elle perçoit comme le besoin d'expression et de marge de manœuvre ressentis par chacune des personnes qui travaillent dans l'entreprise. La récompense tangible (salaire, gratifications) ne suffit pas à les motiver. Il leur faut une récompense psychologique qui leur permette de contribuer à la mission de l'entreprise. Ils peuvent ainsi se développer et augmenter leur activité créatrice en remplissant les tâches qui leur sont confiées.

Pour ceux qui ont encore quelques connaissances (ou souvenirs de leurs études) bibliques, il est intéressant de signaler que Frederick Herzberg a présenté la même hypothèse sous la forme de l'opposition Adam-Abraham (Job attitude : research and opinion). Adam, c'est la vision de l'homme déchu qui DOIT travailler à la sueur de son front pour gagner sa vie. Abraham, c'est celle de l'homme à qui l'on promet une riche descendance s'il remplit la mission que Dieu lui a confiée.

| CAS | « Quand j'entre à l'usine, j'ai l'impression de faire quelque chose d'utile. Je suis fier des bons coups de mon équipe d'ouvriers. Il me semble que si la compagnie a du succès, nous y sommes un peu pour quelque chose. »

Dans la première situation, c'est l'enfer sur terre en attendant la promesse d'une rédemption imprécise. Dans l'autre, c'est l'annonce d'un ciel dont les promesses commenceront à se réaliser sur terre. Un triste avenir de lendemains répétitifs en opposition à l'ouverture sur des lendemains qui chantent et l'espoir de pouvoir contribuer à l'œuvre du Créateur.

Si nous observons avec le moindrement d'attention, nous constaterons la présence d'une théorie X ou Y (Adam ou Abraham) derrière chacune des actions que nous posons au sein de l'entreprise. Qu'est-ce qui nous pousse à travailler ? Pour acheter le steak ou pour le plaisir de voir jusqu'où la tâche va nous mener ?

Et, ce qui est encore plus important, que pensons-nous de la motivation des autres ? Comment agissons-nous lorsque nous voulons leur demander l'exécution d'une décision ? Récompense économique ou psychologique ? Qu'on soit patron ou adjoint, notre idéologie X ou Y influence nos attentes et colore nos interventions.

Il va de soi que ces deux attitudes contribuent fortement à l'exercice du rôle de patron ou d'adjoint. Ceci doit pouvoir justifier, en partie, la relation interpersonnelle et certains éléments de complémentarité entre les deux personnes.

Le pouvoir privilégié

Le facteur *socio* concerne non seulement l'opinion qu'une personne porte sur les autres membres de son entreprise, mais aussi les sortes de contact qu'elle est capable de développer et de maintenir avec eux. Ces contacts sont basés sur sa capacité d'obtenir et de conserver leur attention ainsi que sur le fait de pouvoir compter sur la réalisation des changements demandés par ses recommandations ou ses décisions. C'est que nous allons appeler le pouvoir personnel dans l'entreprise. Cette notion est différente de l'autorité qui est plus liée à la fonction qu'à la personne.

Il y a des gens qui sont mal à l'aise avec l'idée de pouvoir. Ils pensent que c'est la dictature sur les autres. Or le pouvoir dont il est question ici est partagé par tout le monde. C'est lui qui permet de briser les barrières individuelles et d'entrer en relation avec les autres. Tout membre de l'entreprise a un ou plusieurs pouvoirs dont il se sert quotidiennement pour fonctionner avec ceux qui l'entourent.

Le théoricien Robert Dahl (<u>Power and democracy in America</u>), décrit le pouvoir de la façon suivante : « A détient du pouvoir sur B dans la mesure où il peut obliger B à faire quelque chose que B n'aurait pas fait autrement. »

En somme, la relation de pouvoir permet à un individu (ou groupe d'individus) de modifier l'attitude ou le comportement d'un autre individu (ou groupe d'individus). C'est ce que nous cherchons à faire chaque fois que nous nous adressons à quelqu'un d'autre, même si le changement souhaité ne porte que sur la reconnaissance de notre présence à ses côtés !

Les sortes de pouvoir

Quels sont ces pouvoirs ? Nous en avons cerné quatre que nous décrirons dans un contexte d'entreprise. Il va de soi qu'on pourrait en étendre la pratique à d'autres aspects de la vie quotidienne. Mais puisque nous voulons les appliquer à la relation patron-adjoint, il nous est apparu plus clair de les replacer dans le milieu où cette relation s'exerce.

Nous n'avons pas retenu le pouvoir physique qui fait habituellement partie des différentes catégories proposées par les auteurs qui se sont penchés sur le sujet. On pourrait, il est vrai, prétendre que certains gardes du corps pro-actifs remplissent parfois des tâches d'adjoints, ou vice versa. Bien que ce pouvoir apparaîsse dans certains cas, nous osons croire qu'il s'agit d'aberrations appelées à disparaître dans un milieu de travail civilisé.

Pouvoir matériel

C'est le pouvoir qui découle des ressources financières.

| CAS | « Si je ne peux compter sur votre entière collaboration en ce cas précis, je me verrai forcé de revoir le préjugé favorable que j'ai toujours eu à l'égard des demandes budgétaires de votre secteur. »

L'utilisateur ramène ses arguments à l'autorité que lui confère ce contrôle des ressources. Il peut être le propriétaire de l'entreprise, mais il est aussi le pdg qui détient ce pouvoir par délégation du conseil d'administration. Or, pour l'employé, cette délégation est transparente puisqu'il ne peut avoir recours à ceux qui détiennent légalement les ressources. Pour lui, son supérieur est le premier et le dernier décideur quant aux ressources qui seront mises à sa disposition. Et ce contrôle ne s'exerce pas uniquement sur le salaire ou le mobilier.

| CAS | «Après avoir critiqué le plan triennal proposé par mon patron, je me suis fait refuser toute promotion jusqu'à ce que je demande une mutation dans un autre service.» |

Pouvoir délégué

Ce pouvoir provient exclusivement du titre et de la fonction détenus par l'individu.

| CAS | «Mes responsabilités de superviseur m'obligent à vous demander de...» |

Contrairement à ce qui se passe dans le cas du pouvoir matériel, celui sur qui s'exerce le pouvoir délégué sait très bien qu'il pourrait passer outre à ce pouvoir et faire appel à celui dont il dépend. Le recours au pouvoir délégué implique donc une double convention. La première concerne celui qui choisit de l'utiliser : il reconnaît qu'il ne peut obtenir le changement souhaité sans faire appel au pouvoir de son supérieur qui l'a officiellement investi d'un pouvoir délégué et d'un titre qui le consacre. La deuxième convention concerne celui sur lequel s'exerce le pouvoir délégué. Il reconnaît la délégation et accepte de ne pas la contester en l'ignorant, ou en exigeant sa confirmation par une intervention du supérieur.

Le pouvoir délégué est l'instrument par excellence de l'action bureaucratique. Les deux conventions dont nous venons de parler supposent de la part des deux acteurs (émetteur et récepteur) une reconnaissance du droit de l'entreprise à instituer un pouvoir, indépendamment du mérite initial de son détenteur. Lorsque l'un l'utilise et que l'autre l'accepte, c'est un acte de foi en la sagesse de l'entreprise et de ses gestionnaires qui est posé.

Si la délégation provient habituellement d'un supérieur hiérarchique, il ne faut pas oublier que le pouvoir peut aussi être délégué par le vote de la base, comme dans un parti politique, un syndicat ou une association à vocation socio-culturelle. Dans ce cas, le recours au pouvoir délégué est beaucoup plus difficile puisqu'il peut avoir à s'exercer sur l'un de ceux qui en sont la source.

> **CAS** « Si le délégué syndical s'imagine que je vais voter pour lui la prochaine fois... »

Pouvoir d'expert

Il est basé sur les connaissances de l'individu. Les autres lui accordent l'avantage d'une expertise dont ils peuvent tirer profit.

> **CAS** « J'étais ici avant tout le monde. J'en ai vu naître et mourir des pseudo-bonnes idées comme celle-là. »

Ce pouvoir est plus fragile que les deux premiers. Il est assez facile de signaler le pouvoir matériel par le luxe de son environnement et le pouvoir délégué par le titre affiché sur tous les supports disponibles (cartes, en-tête de lettres, plaques ou panneaux indicateurs). Mais comment faire reconnaître le pouvoir d'expert ? Si le criminel jouit de circonstances atténuantes, le pouvoir d'expert devrait compter sur des circonstances *contribuantes*. Ce seraient, par exemple, les diplômes d'études, l'ancienneté dans une tâche ou même dans l'entreprise. L'important, c'est que les autres pensent que ces cironstances « contribuantes » représentent un argument assez important pour justifier le recours au pouvoir d'expert invoqué par celui qui croit le posséder.

> **CAS** « Ce n'est pas parce que tu es le plus ancien que tu en sais plus que nous. Les choses ont changé depuis que tu es arrivé ici. Les machines qui s'en viennent, tu ne les connais pas plus que nous autres. »

Pouvoir d'empathie

Ce pouvoir est beaucoup plus difficile à identifier. Il découle du désir d'être avec un individu. On l'écoute parce qu'on veut lui faire plaisir. On aime partager des activités avec lui. On se découvre des intérêts communs.

> **CAS** « En raison de son tact et de sa diplomatie, nul ne saurait lui refuser quoi que ce soit. Sans avoir à faire preuve d'autorité, il obtient ce qu'il demande... Mais il réussit toujours à valoriser le travail fait, de là sa grande influence. »

> **CAS** « Ces cadres et professionnels sont très près du personnel de soutien. Ils pratiquent la technique de la porte ouverte et n'en sont que mieux vus de tous et chacun. Ils font preuve d'un humour subtil et d'un charisme certain. »

L'identification des pouvoirs

Chaque partenaire de la relation patron-adjoint a développé des habitudes qui le porte à utiliser d'abord la sorte de pouvoir qui semble le mieux correspondre à sa personnalité. Ces habitudes ont été favorisées par la réaction du milieu qui a la possibilité de reconnaître ou de rejeter le pouvoir utilisé et, dans ce dernier cas, de le forcer à le remplacer par un autre.

Il faut observer un individu pendant un certain temps pour découvrir quelle sorte de pouvoir il préfère utiliser et, surtout, avec lequel il a le plus de succès.

Comme un pouvoir ne peut vraiment être efficace qu'à condition d'être reconnu par les autres, il peut être tout aussi utile d'étudier la réaction de ceux qui travaillent avec cet individu, car celui-ci peut s'illusionner sur son pouvoir. Il y a souvent un écart entre le pouvoir souhaité et celui qu'on est obligé d'utiliser pour obtenir des résultats.

Certains pouvoirs sont plus faciles à défendre parce qu'ils sont associés à la tâche de l'utilisateur. Le pouvoir matériel est illustré par les interventions dans l'exercice d'un rôle dans l'entreprise. On découvre rapidement si celui qui prétend l'avoir est capable de donner suite à ses promesses ou à ses menaces. Quand viendra la promotion ou la démotion promises pour sanctionner l'attitude d'un collaborateur ? Il n'y a pas de demi-mesure pour les *tigres de papier* ; toute incapacité à exercer les attributs du pouvoir matériel rend ce dernier inutilisable. Celui qui serait dans une telle situation comprendrait rapidement la futilité de ses prétentions aux yeux de ceux qui l'entourent.

Par ailleurs, l'efficacité du pouvoir délégué ne relève pas seulement de l'habileté de celui qui veut l'exercer. Il y a certes des conditions accessoires à la crédibilité de cet exercice : la compétence dans le domaine de travail ou la complicité avec les autres membres de l'équipe. En fait, on devine tout de suite que le pouvoir délégué est d'autant plus facile à imposer qu'il peut s'appuyer sur les deux autres pouvoirs : l'expertise et l'empathie. Néanmoins, la condition indispensable est la façon dont l'entreprise elle-même soutient le pouvoir qu'elle a délégué sous forme de titre et de responsabilités dans le cadre de l'une ou l'autre de ses activités.

| CAS | « Si j'ai un problème avec un employé, le service du personnel s'empresse de me dire qu'il ne pourra pas me soutenir en cas de grief. Je ne sais plus de quel bord ils sont. »

Ce pouvoir délégué est donc clairement rattaché à la tâche plutôt qu'à la personne. Ce n'est pas le cas des pouvoirs d'expert et d'empathie. Il n'y a personne qui puisse imposer le respect de ces pouvoirs au nom de quelqu'un d'autre. Même si la présence dans un lieu de travail finit par accorder une certaine supériorité dans la connaissance des pratiques professionnelles et administratives de ce lieu, il faut avant tout que la personne réussisse à convaincre les autres que cette connaissance lui permet d'agir plus efficacement. L'entreprise ne peut rien faire (ou si peu!) pour contrôler la distribution de ces pouvoirs. Il est vrai que l'attribution de certains postes semble téléguidée afin de donner au nouveau titulaire une visibilité plus grande.

| CAS | «Le patron savait qu'il ne lui causerait pas de trouble. Alors il l'a nommé directeur adjoint du secteur afin qu'il puisse se faire connaître et qu'il soit en position d'acquérir |

de l'expérience. Ceci lui sera fort utile dans l'éventualité d'une candidature à une nouvelle promotion.»

Malheureusement pour les carriéristes, le pouvoir d'expert ne découle pas nécessairement de l'expérience. Même si l'on a fait ses devoirs et franchi l'un après l'autre les jalons de l'échelle de la promotion, on n'obtient pas automatiquement le pouvoir d'expert auquel l'âge et les titres sembleraient permettre d'aspirer. C'est la reconnaissance des autres qui compte, et celle-ci est extrêmement fragile : difficile à gagner et tout aussi difficile à conserver.

Quant au pouvoir d'empathie, il va de soi que c'est un pouvoir éminemment personnel sur lequel l'entreprise a fort peu d'influence. Mais elle peut en deviner la présence et en faciliter ou en inhiber l'expression. Elle placera le candidat prometteur dans une position au carrefour des grands réseaux d'actions ou de décisions. Elle condamnera le candidat décevant ou dangereux à l'isolement afin de protéger son *bon peuple de travailleurs* contre les effets pernicieux d'un exemple déviant.

Il y a donc des pouvoirs rattachés à la tâche et des pouvoirs rattachés à la personne. Dans la relation patron-adjoint, nous nous intéresserons beaucoup plus aux pouvoirs rattachés à la personne (expert et empathie), même si, dans leurs rapports avec les autres membres de l'entreprise, les deux partenaires ont plutôt tendance à recourir aux pouvoirs rattachés à la tâche (matériel et délégué).

Les deux partenaires retrouvent donc un certain nombre de facteurs socio dans leur propre personnalité et dans celle de leur partenaire :

— de quelle façon chacun voit-il le travail, le sien et celui des autres ?

— quel pouvoir chacun a-t-il l'habitude d'utiliser avec les autres membres de l'entreprise ?

LE FACTEUR TECHNO

Le facteur *techno* concerne les expertises techniques d'un individu acquises durant sa formation scolaire ou son activité au sein des entreprises dont il a fait partie.

CAS	« Si tu veux qu'il t'écoute, parle-lui du contrôle des coûts de revient... »

Il ne faut pas que ces expertises soient trop spécifiques. Lee Iacocca résumait ainsi les qualités que l'industrie automobile devrait pouvoir trouver chez ses prochains gestionnaires : « Si un gars veut devenir un chef d'entreprise dans 25 ou 50 ans, il devra avoir acquis une formation complète. Il ne sera plus question de se demander s'il est un bon avocat, un bon spécialiste du marketing ou des finances. Son éducation et son expérience en auront fait un entrepreneur total dans un monde qui est en train de devenir un grand marché... Il aura avantage à parler japonais ou allemand. Il aura avantage à comprendre l'histoire de chacun de ces deux pays et comment ils en sont arrivés où ils sont. Il aura avantage à connaître à fond leur situation économique» (Fortune, 29-08-88).

Les compétences professionnelles

Il y a des filières de formation et d'expertise qui marquent la carrière et la pratique du patron aussi bien que de l'adjoint. Le facteur techno doit être identifié afin de mieux comprendre les attentes et les possibilités de chacun.

Pour établir ce facteur, on prend l'unité scolaire dans laquelle la personne a été formée : une technique, un art ou une science. Si elle est demeurée dans une même sphère assez longtemps, elle a acquis les ressources aussi bien que les déformations de cette spécialité. Un comptable a l'avantage de se retrouver dans les colonnes de chiffres, mais il peut oublier ou sous-évaluer les aspects non quantitatifs d'une situation. Un psychologue sait faire ressortir les motivations du consommateur, mais il s'intéresse très rarement au calcul des coûts de production et de distribution.

Le facteur techno ne vient pas seulement de la formation dans les écoles. Il se retrouve aussi dans le profil de carrière. Même si un individu a eu au départ une formation particulière, celle-ci peut avoir été modifiée par de longues années d'expérience dans le secteur de l'entreprise ou de l'industrie où il travaille. Si un comptable a passé les dix dernières années de sa vie professionnelle au service des ressources humaines, on peut supposer qu'il y a pratiqué sa formation scolaire en s'occupant de l'analyse des échelles de salaire ou qu'il a utilisé une autre démarche, celle du psychologue, et s'est surtout intéressé au système de motivation des employés.

CAS

« Ce n'est pas parce que je n'ai pas eu la chance de faire des études là-dedans qu'on peut me faire avaler des tours de passe-passe budgétaire. Je suis un chasseur-né. Et j'ai appris à suivre les traces de n'importe quel comptable. »

Pour simplifier les choses, on suppose, dans un premier temps, que le facteur techno d'une personne ressemble au département scolaire qu'il a fréquenté ou au département de l'entreprise dans lequel il a travaillé. Il y a, bien sûr, des ajustements de l'un à l'autre. Mais il semble que la formation scolaire demeure prioritaire dans l'acquisition des habitudes de travail. Il en est ainsi probablement en raison des nombreuses années consacrées à cette formation, justement au moment crucial d'établir ses propres habitudes de travail.

La connaissance de ce facteur peut être un instrument fort utile dans l'établissement d'une relation patron-adjoint. Néanmoins il faut parfois faire preuve d'une certaine imagination dans la prévision des utilisations possibles de ce facteur.

Norio Ohga avait une formation de musicien. Il étudiait l'opéra à l'Université nationale des Beaux-Arts et de la Musique de Tokyo. Le jeune baryton rencontra un jour Akio Morita, le président fondateur de SONY Corp. Il lui suggéra des façons d'améliorer les magnétophones et Morita l'engagea comme consultant. Durant son stage d'étude à Berlin, Ohga visita régulièrement les usines des concurrents de SONY pour ensuite rapporter ce qu'il avait vu à son patron. Il devint directeur de la division des magnétophones SONY. En 1982, il fut nommé président de la compagnie ; en 1989 il semble bien avoir été officiellement consacré futur héritier du poste de son patron (<u>Fortune</u>, 31-07-89).

Le facteur techno permet à chacun des partenaires d'identifier ses forces et ses faiblesses. Personne ne s'attend à ce que le patron soit parfait : une bonne prise de conscience de son facteur techno lui sera utile pour préciser ses attentes envers son adjoint et pour évaluer les performances de leur relation dans l'ensemble de leurs activités.

Contrairement aux deux autres facteurs, le facteur techno est plutôt limité à une seule variable qui résume bien l'approche de celui qu'on décrit. Il a une approche d'architecte, d'avocat, de comptable, d'ingénieur... Peu importe que cela soit le fruit de ses études ou de son expérience de travail.

LA MULTIPLICATION DES FACTEURS

Dans la relation patron-adjoint, il ne s'agit pas seulement d'additionner deux séries autonomes de facteurs comme si chacun des nouveaux associés pouvait fonctionner avec ses propres facteurs, sans tenir compte de ceux de l'autre.

La somme des parties n'est pas égale du tout

Les facteurs du patron et les facteurs de l'adjoint se multiplient pour donner un résultat qui n'est pas nécessairement la somme des éléments de départ. Cette somme pourrait bien former un ensemble d'attitudes positives et négatives qui s'annulent les unes les autres ou encore s'opposent dans une tension qui handicape l'action des deux participants.

> | CAS | « Mon patron, c'est un hibou. Et moi, je suis un coq. On se laisse des messages. J'ai parfois l'impression qu'on ne travaille pas pour la même entreprise. À force de lui laisser des messages, je pense que je vais finir par le laisser... ! »

Le patron au raisonnement séquentiel pourrait ne rien tirer des dossiers matriciels préparés par son adjoint. Ou, pis encore, s'il en venait à consacrer une trop grande partie de son énergie à *séquentier* les éléments de ses dossiers pour les adapter à son mode de raisonnement, il risquerait d'augmenter les sources de malentendu et, pour le moins, de retarder la prise de décision.

Par ailleurs, le résultat peut dépasser la somme. Deux tempéraments différents ne sont pas nécessairement appelés à s'annuler dans tous les cas. Un patron au raisonnement plutôt «séquentiel» pourrait tirer profit de l'approche «matricielle» de son adjoint et reformuler une décision dans un contexte plus large. Une fois son attention bloquée sur un problème, le patron peut oublier l'impact de sa décision sur certains autres problèmes qui semblaient moins importants au moment de son analyse de la situation.

Il est donc nécessaire que le patron et l'adjoint possèdent respectivement une capacité d'écoute et de repositionnement tout au long du cheminement de l'autre.

Pareils ou différents

L'auteur Everett Rogers (<u>Diffusion of innovation</u>) parle d'homéophilie pour celui qui cherche soit à s'entourer d'individus qui lui sont semblables, soit à devenir semblable à ceux qui l'entourent. À l'opposé, l'hétérophilie est le propre de celui qui cherche ceux qui sont différents. Il y a des patrons qui ne peuvent accorder aucune crédibilité à un adjoint qui est différent d'eux. Par contre, il y en a d'autres qui ne trouvent aucun intérêt à travailler avec quelqu'un qui est leur propre double.

> CAS «Il me fait perdre mon temps. Je n'ai pas besoin de lui. Il n'a rien à me dire que je ne sache déjà ! Quand il vient dans mon bureau, j'ai l'impression d'être en face d'un miroir.»

En réalité, ce n'est pas aussi simple que cela. L'action quotidienne du patron et de l'adjoint implique des nuances qui ne peuvent se résumer en termes de semblables ou différentes.

Parallèles

Relativement à la série d'attitudes et de comportements de chacun des associés, on pourrait exprimer leur relation par deux lignes factorielles, l'une représentant le patron et l'autre l'adjoint. Qu'est-ce que cela donnerait sur le plan graphique? D'abord, elles pourraient être parfaitement parallèles. Les deux partenaires pensent, agissent et réagissent toujours de la même façon. L'un est le miroir de l'autre.

Ce parallélisme rejette toute possibilité d'opposition et donc de négociation productive quant à une fourchette d'interprétations et de solutions défendues par l'un et l'autre des collaborateurs. Comme en géométrie, ces derniers ne pourront jamais se toucher ou se rejoindre pour faire avancer un dossier ou pour faire le point sur leur association. Ils sont trop pareils pour percevoir l'erreur de l'autre. Le patron au raisonnement matriciel attend des dossiers montés selon cette même façon de penser et l'adjoint se voit confirmer dans son propre facteur psycho, lequel avait justement attiré l'attention du patron lors de son embauche. Et même si cet adjoint possède certains facteurs différents, il aura tendance à les mettre en veilleuse ou à les remplacer par des facteurs qui font partie de la personnalité du patron.

Dans les Contes du Lundi, dont la virulence critique est loin de la gentillesse des célèbres Lettres de mon Moulin, Alphonse Daudet raconte un beau cas de parallélisme servile.

L'action se passe durant la guerre de 1870 alors que la France est envahie par l'armée prussienne. Du côté français : « Le maréchal est en train de faire sa partie, et voilà pourquoi l'armée attend des ordres. Quand le maréchal a commencé sa partie, le ciel peut bien crouler, rien au monde ne saurait l'empêcher de la finir... Ses aides de camp l'entourent, empressés, respectueux, se pâmant d'admiration à chacun de ses coups. Quand le maréchal fait un point, tous se précipitent vers la marque ; quand le maréchal a soif, tous veulent lui préparer un grog... Le partenaire du maréchal est un petit capitaine d'état-major, sanglé, frisé, ganté de clair, qui est de première force au billard et capable de rouler tous les maréchaux de la terre, mais il sait se tenir à une distance respectueuse de son chef, et s'applique à ne pas gagner, à ne pas perdre non plus trop facilement. C'est ce qu'on appelle un officier d'avenir... Les estafettes arrivent à bride abattue. On demande le maréchal. Le maréchal est inabordable. Quand je vous disais que rien ne pouvait l'empêcher d'achever sa partie... (Quelque temps plus tard) : L'armée est en pleine déroute. La maréchal a gagné sa partie.»

Perpendiculaires

Dans la relation parallèle, l'adjoint imite ou essaie d'imiter la personnalité de son patron pour l'appuyer et même le renforcer. Mais il peut aussi se différencier de cette personnalité pour offrir le *charme discret* de la différence. Les lignes factorielles ne se sont croisées qu'une fois, au moment de l'embauche.

Le patron peut espérer se servir des facteurs différents de son adjoint pour valoriser sa propre performance. On retrouve cette façon d'agir même aux plus hauts niveaux de gestion. L'adjoint n'a plus le choix d'être lui-même. La pratique de ses facteurs différents dépend du bon vouloir du patron. Il est condamné à la différence programmée.

Cette différence peut prendre une forme progressive. Selon Gregory Bateson (Steps to an Ecology of Mind), si cette différence intègre un modèle de domination chez le patron et de soumission chez l'adjoint, « il est vraisemblable que cette dernière accentuera encore plus la domination qui, à son tour, accusera la soumission du second côté. Cette schismogenèse, si elle n'est pas refrénée, conduit à une déformation progressive unilatérale des personnalités... Ceci aboutit à l'hostilité mutuelle et doit se terminer par l'effondrement du système global ».

Le promoteur immobilier Robert Campeau avait trouvé un excellent adjoint, James T. Roddy, dont le facteur techno financier était tel que, pour les projets de développement ou d'acquisition, il pouvait établir des plans de financement tout aussi complexes qu'efficaces. Ceci leur a permis d'acquérir deux des plus grands réseaux américains de ventes au détail, Allied et Federated, et de surprendre les milieux financiers par leur audace et leur imagination. Malheureusement, ils se sont séparés après s'être confrontés sur le même facteur techno. Roddy ne croyait pas en la possibilité de réaliser un plan de refinancement auquel Campeau accordait le plus grand intérêt. Ce fut la fin de l'association (Business Week, 15-05-89).

Symétriques

Les deux lignes factorielles parallèles ne se touchent jamais, comme les deux rails d'une voie ferrée. Mais si les lignes symétriques suivent le même mouvement, elles le font de façon complémentaire. Elles semblent tantôt s'éloigner et tantôt se rapprocher. Dans la relation symétrique, le patron et l'adjoint ont un certain nombre de facteurs semblables sur un fond de différence flexible. Dans certains cas, ils ont les mêmes attitudes et comportements. Ceci leur permet de renforcer une position que l'un d'eux a de la difficulté à maintenir. Dans d'autres cas, ils mettent à contribution des facteurs différents afin de trouver la solution qui semble échapper à l'utilisation exclusive de l'une ou l'autre de leurs approches personnelles.

Cette conduite semble la meilleure. Le patron et l'adjoint se partagent les tâches et les préoccupations en jouant à la fois sur les avantages de leurs facteurs différents et sur la complicité de leurs facteurs semblables. S'il n'y a aucun terrain de rencontre, il ne pourra y avoir de lieu d'échange. La rencontre compte sur les affinités psycho-socio-techno ; les échanges se nourissent des différences.

L'équilibre

Il est important de comprendre les facteurs qui génèrent et protègent la symétrie afin d'éviter l'éclatement, même dans les cas où la tension est constante. L'important, c'est de maintenir un équilibre qui alimente et motive à la fois la coopération et la productivité. Cela existe.

À la direction de la chaîne Hôtel des Gouverneurs, « si Jacques Bouvette est d'abord et avant tout un comptable, le nez toujours dans les chiffres, le travail sur le terrain est l'œuvre de Georges Sardi, un homme élégant qui fait songer à ces aristocrates du siècle dernier qui descendaient en bateau à vapeur les grandes rivières du sud des États-Unis » (Commerce, janvier 1988).

À la Banque Nationale du Canada, « Michel Bélanger, André Bérard : un curieux couple. L'un, gestionnaire émérite, est rompu aux grandes manœuvres et au jeu diplomatique. Architecte de la fusion qui a donné naissance à la Banque Nationale, il est l'homme des grands concepts. L'autre, homme du quotidien, combatif et déterminé, s'attaque aux problèmes avec le mordant d'un pittbull. Il a le verbe haut et le tempérament explosif » (Commerce, avril 1989).

Par la nature même de la relation patron-adjoint, c'est toujours le patron qui décide mais, pour cela, il n'est pas obligé de dominer les facteurs de son adjoint. Il n'y a donc aucune solution dans la recherche de facteurs totalement semblables ou différents. Prenons l'exemple des facteurs techno. Le patron n'est pas obligé d'en savoir plus que son adjoint dans le domaine d'expertise de ce dernier. Il doit en savoir assez pour distinguer le bon travail du mauvais. Et il pourrait lui être utile de savoir ce qu'un certain travail peut exiger d'effort et d'énergie.

On ne parle donc pas d'un équilibre des facteurs psycho-socio-techno exclusifs à chacun dans la relation patron-adjoint, mais plutôt d'un équilibre et d'une stabilisation harmonieuse des facteurs en relation symétrique.

3 | LES TÂCHES DE L'ADJOINT

La relation patron-adjoint dépend de la personnalité des deux partenaires, de leur acquis au niveau des communications interpersonnelles et de leur compétence technique. Cet ensemble de facteurs s'articule autour d'un certain nombre de tâches exercées par l'adjoint. Ces tâches ont un point commun : l'information.

L'information

Dans son livre Le manager au quotidien, Henry Mintzberg conclut de ses observations que « la plus grande partie du travail du cadre vient de son information. Le cadre parvient à développer une base de données qui lui permet de prendre des décisions de façon plus efficace que ne pourraient le faire ses subordonnés parce qu'il a accès à de nombreuses sources d'information et que, pour certaines d'entre elles, il est la seule personne de son unité à y avoir accès... Son travail ne conduit pas le cadre à être un planificateur et un penseur ; il le conduit plutôt à être un manipulateur d'information et un adapteur qui préfère un milieu de type stimulus-réponse. »

Ce cadre-patron a donc à la fois tout à attendre et tout à craindre de l'information. Celle-ci soutient et compose son action. Mais elle l'empêche souvent de consacrer le temps nécessaire à la planification et à l'élaboration de stratégies décisionnelles. On comprend rapidement que les tâches de l'adjoint soient associées à la cueillette, à l'interprétration et à la communication des informations.

«Grâce à son appareil sensoriel et sa richesse de connexions — environ douze milliards de cellules dans le cerveau — il (l'homme) reçoit à chaque instant des millions d'informations de nature différente, mais qui ne parviennent pas toutes à sa conscience. Le cerveau choisit un certain nombre de sensations pour créer une perception unique par sa qualité, composée de l'interaction de chacun des éléments qui prend une valeur différente en fonction des autres éléments retenus» (Daniel Garric, L'homme électribal).

L'adjoint est justement l'un de ces éléments qui aide le patron à développer sa *perception unique*, étape indispensable de la prise de décision.

La communication

Si nous avons introduit le mot *communication*, c'est qu'il insiste sur un notion inhérente à l'information. C'est le transfert de cette information. Et ce transfert implique des mécanismes de codage contrôlés ou défendus par des spécialistes (journalistes et médiatiseurs de toutes sortes) et du matériel poussé par des fabricants et des distributeurs fort convaincants. Il y a donc beaucoup de monde intéressé à développer les communications du patron pour des motifs idéologiques, financiers ou même politiques. On parle de communication comme s'il s'agissait d'un nouveau remède miracle. Or l'adjoint se situe dans un nœud de communication.

Cette communication ne doit pas s'adresser uniquement à l'extérieur de l'entreprise. Elle concerne aussi l'ensemble des personnes qui y travaillent. C'est une préoccupation qui a pris une importance croissante dans les milieux d'affaires, indépendamment des cycles d'expansion ou de récession. D'ailleurs ces différents cycles servaient eux-mêmes, de façon égale et un peu surprenante, à alimenter le même discours sur les communications internes.

Déjà en 1963, une enquête menée auprès des abonnés du Harvard Business Review montrait que ceux-ci voyaient en l'habileté de communiquer l'exigence la plus importante pour la promotion d'un cadre (janv.-fév. 1964).

En 1983, les auteurs d'un livre consacré à l'information des employés écrivaient : « Dans les société qui connaissent les destructions créatrices de la croissance économique et des restructurations industrielles pour s'adapter à la nouvelle croissance conçue dans le sens du développement, l'information est l'énergie sans laquelle il n'est plus de plan organisé, de décision rationnelle, de contestation ou d'adhésion éclairée aux objectifs des organisations » (A. Silem et G. Martinez, Information des salariés et stratégies de communication).

En 1985, on retrouvait dans les journaux des citations qui témoignaient d'une prise de conscience développée par une pratique de l'action quotidienne. Par exemple, Normand Carpentier, président de Camoplast : « Ma théorie est celle des trois C : communication, coopération et considération » (Les Affaires, 22-06-85).

À la fin des années 1980, selon une étude de la Columbia University graduate school of business auprès de 1 500 cadres supérieurs, 89 % des répondants croyaient que l'habileté à communiquer avec les employés allait devenir l'une des qualités importantes d'un gestionnaire de haut niveau en l'an 2000 (Fortune, 22-05-89).

Trois tâches

Nous regrouperons les tâches d'aide à l'information autour de trois grandes analogies. Elles se définissent non seulement par des actions, mais aussi par des attitudes aux effets à long terme. Comme il n'est pas toujours facile d'illustrer ces effets à long terme, nous avons pensé comparer les tâches de l'adjoint à celles de travailleurs dont les effets peuvent être, observés à court terme : le portier, le cuisinier et le plombier.

1. Comme le portier, l'adjoint peut permettre ou refuser l'entrée aux informations qui parviennent à la porte de son patron.

2. Comme le cuisinier, l'adjoint peut rechercher, préparer et servir les informations dont le patron aura besoin pour prendre des décisions.

3. Comme le plombier, l'adjoint peut être appelé à intervenir au nom de son patron pour *déboucher* des situations bloquées ou boucher des trous qui apparaissent subitement dans son domaine de responsabilité.

La décision

Ces trois tâches se situent dans une continuité. Cette continuité, c'est celle du patron dont la tâche principale devrait être de prendre des décisions. L'adjoint facilite cette prise de décision en fournissant à son patron l'information _utile_ (portier). Mais cela implique aussi d'empêcher que l'information inutile ne vienne perturber sa réflexion.

L'adjoint travaille à monter des dossiers afin de clarifier certains éléments disparates, les interrelier, les hiérarchiser et ainsi en accélérer la compréhension par son patron (cuisinier).

Finalement le patron ne pourra guère consacrer son attention et son temps à sa tâche de décideur s'il doit constamment intervenir dans l'action pour assurer la bonne marche de son entreprise et mettre en marche la réalisation de ses décisions. L'adjoint le libère de ces tâches distrayantes en le représentant auprès des principaux acteurs de l'entreprise (plombier). Néanmoins, il faudra bien se rappeler dans l'exercice de cette tâche que le véritable adjoint — dans le sens strict du terme — n'a d'autorité que celle qui découle de la délégation confiée par le patron. Cette délégation ne peut être que temporaire et ponctuelle, même si elle recouvre une autre délégation, plus générale, consacrée par un titre et une fonction dans l'organigramme de l'entreprise. La tâche de plombier doit toujours être limitée dans le temps et dans l'espace d'un secteur de l'entreprise alors que les deux autres tâches (portier et cuisinier) impliquent une certaine continuité intemporelle, presque philosophique, dans l'évolution de l'entreprise.

Si nous parlons de trois tâches, ce n'est pas en pensant qu'elles sont mutuellement exclusives. Elles se retrouvent souvent combinées dans l'exercice d'un même adjoint. Mais comme elles appellent des actions différentes, nous les traitons séparément, quitte à mentionner au passage les liens qui peuvent exister entre elles.

Les tâches et la situation de l'entreprise

L'importance de ces tâches peut aussi varier en fonction de la situation de l'entreprise. Dans le livre Pro-fession patron, les auteurs présentent trois étapes dans le développement d'une entreprise. « La création d'entreprise, l'innovation, la concurrence sauvage s'appuient sur le dynamisme du charisme, sur l'enthousiasme militant du dirigeant (première étape). Puis l'entreprise s'assagit et parfois même s'assoupit et c'est la dynamique du consensus, du management professionnel qui s'impose avec moins de génie mais plus de prudence (deuxième étape). Enfin... l'organisation se replie sur elle-même, oublie sa mission économique externe, auto-entretient ses rites et ses procédures, élimine les déviants : c'est la dynamique de la bureaucratie (troisième étape) (J.P. Anastassopoulos et J.P. Larçon, <u>Profession patron</u>).

La première étape (dirigeant) appelle l'intervention du plombier qui peut augmenter la présence de son patron sur les fronts mouvants de l'entreprise. La deuxième étape (management professionnel) suppose le travail d'un cuisinier qui prépare les prises de position de son patron et lui permet de s'inscrire dans la dynamique du consensus. Quant à la troisième étape (bureaucratie), elle pourrait favoriser le portier qui devient ainsi le gardien des rites et des procédures, un peu comme un chef du protocole régissant les activités d'un patron qui, lui aussi, se replie sur lui-même.

Comme on peut le constater, les pratiques de l'adjoint sont soumises non seulement à la nature de sa propre personnalité et de celle de son patron, mais aussi à l'évolution de la personnalité de l'entreprise. C'est pourquoi nous tenons à parler de *tâches* plutôt que de *fonctions* car ces tâches peuvent être remplies dans l'exercice de plusieurs fonctions.

L'ADJOINT-PORTIER

Sélectionner l'information qui entre

Sa tâche est de filtrer les informations et les visiteurs. Le patron est (se croit ou veut donner l'impression d'être) trop *occupé* pour *s'occuper* de tout ce qui se présente à lui. Il a défini ce qui l'intéresse. L'adjoint classe, selon les désirs de son patron, les informations et les visiteurs qui sollicitent l'attention de ce dernier. Il sélectionne l'urgent et l'important selon les attentes du patron. Il ne doit pas se tromper. Une erreur peut être fatale.

Les téléphones

Programmer les activités téléphoniques. Réserver des périodes d'activité sans intervention téléphonique et des périodes uniquement pour retourner les appels. On peut même s'habituer à établir des rendez-vous téléphoniques qui tiennent compte des disponibilités des deux interlocuteurs.

Les papiers

Il y a quatre réactions à l'arrivée d'un papier :

— on le jette

— on le classe

— on le réoriente vers quelqu'un d'autre

— on lui donne des suites

L'adjoint se sent-il assez confirmé dans son mandat de portier pour prendre une décision finale sur le sort qu'il faut réserver à chacun des documents qui sont adressés à son patron ? Y a-t-il une liste de sujets qui appellent automatiquement une consultation auprès du patron ? La décision de l'adjoint porte donc non seulement sur ce qu'il faut faire avec le papier (les quatre options mentionnées plus haut), mais aussi sur l'importance que son patron pourrait accorder à son contenu ou à son auteur avant de décider comment en disposer.

CAS « Le matin, je fais à mon patron un résumé de son courrier. Cela lui permet de m'indiquer ce qu'il souhaite que je fasse avec chacune des lettres qu'il a reçues. Quelquefois il demande à voir la lettre. Mais habituellement il s'attend à ce que je lui suggère moi-même une suite à lui donner. »

Les personnes

Le patron ne peut vivre et décider en vase clos. Ted Newall, président et directeur général de Du Pont du Canada, déclarait à ce sujet : « Vous seriez surpris de tout ce que vous pouvez apprendre en conversant avec vos employés et vos clients » (La Presse Canadienne, 02-07-85).

Même si ces rencontres peuvent se dérouler dans un contexte détendu, il ne faut pas oublier qu'elles visent un but précis : informer les deux parties. Or il est très facile, pour le patron ou son visiteur, d'oublier cette règle fondamentale de la productivité.

Pour préparer ses ouvrages documentaires, le célèbre auteur V.S. Naipaul, né à Trinidad et éduqué à Oxford, croit que « tout le monde est intéressant pour une heure, mais peu de gens le sont pour plus de deux » (TIME, 10-07-89).

Il faut donc que l'adjoint-portier coordonne les rendez-vous si le patron n'a pas le temps de vérifier la pertinence de l'information apportée par un visiteur ou le courage de lui refuser l'entrée de son bureau.

C'est une tâche ingrate. Les personnes rejetées sont convaincues qu'elles l'ont été par la malice ou la stupidité de l'adjoint. Celles qui sont reçues croient qu'elles ne l'ont été que par leur propre compétence ou habileté. Quoi qu'il en soit, elles souhaitent toutes jouer à saute-mouton en passant par-dessus le gendarme qui garde la porte de celui qu'elles veulent rencontrer.

L'adjoint doit démontrer ici une grande habileté, car il risque constamment de perdre sa crédibilité auprès des autres employés. Il doit projeter l'image d'une personne fiable et faire preuve d'un tact qui arrive à masquer le jugement qu'il porte sur ceux à qui il refuse l'accès au patron.

CAS

L'épouse : Tu ne trouve pas que ton adjoint prend un peu trop de liberté ? Il a empêché une amie de te rencontrer alors qu'elle a toute la compétence nécessaire pour le poste qui vient de se créer dans ton entreprise.

Le patron : Tu sais, mon adjoint agit en fonction des directives que je lui ai données. Il n'a pas tout a fait tort. Est-ce que tu sais de quelle façon s'est présentée la cousine de l'amie de ta sœur ?

L'épouse : C'est pas sa cousine , c'est sa fille, je te ferai remarquer...

Ce qui importe, ce n'est pas de justifier l'intimité ou même l'amitié qui se dégage d'une telle relation patron-adjoint, mais bien de comprendre que, sur le plan professionnel, un patron doit avoir un adjoint dont on pourra dire qu'il est *un gant de velours* dans sa façon de traiter les gens et *une main de fer* dans sa capacité de ne pas laisser passer ceux qui ne peuvent contribuer directement à l'atteinte des objectifs du patron.

CAS

Le patron : Mais y a-t-il quelque chose que tu puisses lui reprocher ? A-t-il été désagréable avec la fille de l'amie en question ?

L'épouse : Non , même au contraire. Il a été d'une courtoisie et d'une diplomatie sans égales. Sa fille l'a trouvé très charmant.

La loi de l'urgence relative

C'est donc un aspect et une qualité importante que doit développer l'adjoint. Lorsqu'un adjoint oublie d'être un filtre et se contente de l'image agressive d'un chien de garde, il risque de créer une forte frustration chez les personnes qui auraient aimé rencontrer le patron. Cette attitude peut avoir à long terme un impact négatif sur les relations du patron avec son environnement.

L'adjoint aura ainsi donné de son patron bien plus l'image d'un individu inaccessible que celle d'un cadre très occupé. Son rôle en est un de portier diplomate, courtois et discret qui ménage ses arrières et régit en partie, et non en totalité, les lieux où le patron rencontrera différents individus.

| CAS |

Le patron : En passant, n'y a-t-il pas la fille d'une amie quelconque qui aurait téléphoné pour l'emploi sur la gestion des achats de notre nouveau produit ?

L'adjoint : Oui, c'est même de cette façon qu'elle s'est présentée. J'ai d'ailleurs fait une blague un peu naïve à ce propos lorsqu'elle a téléphoné. J'espère que je ne l'ai pas frustrée inutilement. J'avais déjà vérifié son curriculum que nous avions reçu il y a quelques semaines. Sa compétence est liée très indirectement au domaine pour lequel elle postule.

Le patron : Pourrais-tu l'appeler ? Il est très rare que ma femme me demande de rencontrer une personne qui pourrait valoir la peine d'être reçue à nos bureaux. Peut-être que nous pourrions lui trouver un emploi répondant à ses compétences.

L'adjoint : Oui, bien sûr. Demain en fin d'après-midi conviendrait-il ?

Pomper l'information

Le président des États-Unis ne peut prétendre tout connaître, même avec la lourde machine administrative qui l'entoure. L'ancien président Ronald Reagan déclarait «Vous allez au lit tous les soirs en sachant qu'il y a des choses que vous ignorez» (Newsweek, 03-07-89).

C'est un rôle pro-actif. Il ne s'agit plus seulement de réagir à l'information qui arrive aux portes du bureau du patron. Il faut s'assurer que les informations lui parviennent et briser les habitudes, contourner les petits pouvoirs des autres patrons qui cherchent à conserver l'information.

| CAS | «Je ne vous demande qu'une chose : pas de surprise!» |

Les distances

Dans son livre <u>Communiquer et manager à distance</u>, François Bus mentionne trois distances à surmonter : physique, structurelle et culturelle.

La distance physique est celle qui sépare le patron des lieux où travaillent ses employés. Avec la concentration des entreprises, le gestionnaire peut avoir des usines ou des magasins aux quatre coins du pays ou même du monde. Par ailleurs, dans un même édifice, le bureau du patron est souvent situé en dehors des lieux de circulation. Au nom du respect d'une certaine distance de réflexion et de discrétion par rapport à l'action quotidienne, ce bureau devient un *bunker* isolé du reste de l'entreprise. L'adjoint doit se promener et sentir les mouvements des employés, et même leurs états d'âme.

La distance structurelle, c'est le nombre de niveaux hiérarchiques qui séparent le patron de l'ensemble des employés qui font partie de son domaine de responsabilité.

«Comme les corporations deviennent de plus en plus grosses, nous assistons à des ruptures dans les chaînes de responsabilité. Dans le monde des affaires, nous avons créé un certain nombre de superstructures qui sont d'une complexité sauvage. Et nous n'avons pas encore réussi à la dompter» (Thomas Donaldson, <u>TIME</u>, 10-06-85).

Il est certain que le patron doit respecter l'autorité de ses collaborateurs et éviter de donner l'impression de les court-circuiter à tout instant. Mais il doit aussi s'assurer qu'il sera en mesure d'être informé de tout embouteillage de sa structure. Or, s'il ne connaît le déroulement des opérations que par la structure, il ne découvrira la naissance d'un tel embouteillage qu'au moment où il sera aux prises avec des effets difficiles à résorber.

À ce sujet, Woodruff Imberman, consultant en relations industrielles, rappelle que : « Les gestionnaires doivent apprendre rapidement à découvrir ce qui préoccupe les employés et apporter des solutions sans provoquer aucun ressentiment. S'ils ne le font pas, la direction n'aura aucune crédibilité. Et la collaboration des employés ne pourra être que minimale dans tout programme d'amélioration de la productivité ou de la qualité des produits » (The Financial Post, 22-06-85).

La distance culturelle, c'est la difficulté pour le patron de comprendre et de parler le langage de ses employés. Même s'il provient de la structure technique du personnel, ce n'est pas très long que les préoccupations de gestion en viennent à lui faire oublier la culture de son milieu d'origine.

L'adjoint doit aider le patron à combler ces distances

Jim P. Manzi, directeur général de Lotus Development Corp., eut soudainement à faire face à des problèmes de mise au point de nouveaux produits et à l'insatisfaction des milieux financiers relativement au rendement de son entreprise. Sa froideur et ses impatiences en faisaient un solitaire qui arrivait difficilement à traiter avec ses collaborateurs. Il s'assura donc les services d'un adjoint spécialisé en publicité. Celui-ci lui recommanda de *relaxer*. Jim Manzi se mit à briser les distances. Il se déclara *plus sensible* aux perceptions de ses employés. Au lieu de s'enfermer dans son bureau, il se promènait dans l'entreprise, assistait aux réunions et invitait le personnel à lui parler franchement (Business Week, 03-07-89). Une telle attitude ne change pas la situation financière de l'entreprise, mais elle aide à supporter les contrecoups de la situation et à mobiliser les forces de ceux qui peuvent la changer.

Les rumeurs

L'adjoint reste en contact avec l'ensemble de l'entreprise en se tenant à l'écoute non seulement des réseaux officiels d'information mais aussi du potinage qui *supplémente* les canaux officiels de communication, très souvent à sec. Comme système d'alerte, le potinage permet aux individus de préparer à l'avance leur réaction au cas où les rumeurs se vérifient. «Les subordonnés peuvent se faire une idée de ce qui préoccupe le patron bien avant qu'il ne l'annonce formellement ; le patron peut entendre parler d'une mauvaise nouvelle que personne n'a le courage de lui apprendre...» (Walter Kiechel III, Fortune, 19-08-85).

Dans un conte inédit dont l'action se déroule au Moyen Age, Luc Asselin décrit bien les effets de la rumeur sur le moral des troupes : «D'abord les bruits prirent de la force et finirent, inévitablement, par trouver écho. Je l'entendis parmi les premiers, sans jamais, à ce moment ou par la suite, y croire un instant, car, je l'ai dit, l'âge n'a pas altéré mon ouïe. De bouche à oreille, le murmure courait, sautait d'un groupe à l'autre, plus agile qu'un lutin malfaisant et biscornu. Il gagnait des adeptes, en perdait d'autres, mais empoisonnait tous les esprits pareillement. Bientôt, la chose étant si largement connue, les bavards n'hésitaient plus à en discuter à voix haute, et même en public. Certains capitaines durent même répondre aux questions de leurs hommes lors des prises d'armes organisées à cette intention. Mais, comme ces barrages de Zélande qui, à l'occasion, se rompent sous le poids de toute la mer de Zuider, plus rien ne pouvait empêcher la populace, et même l'armée elle-même, de croire au mensonge. Il avait pris corps dans les esprits et acquis une vie propre, au même titre qu'une vérité cachée. Car, qu'il s'agisse d'un mensonge auquel tout le monde croit, ou d'une vérité que tous ignorent, dans le monde intangible, les deux, désormais, existent.»

Pour le patron, prisonnier de son bureau et des salles de réunion, l'adjoint sert de sonde, plongeant au cœur de l'entreprise pour en rapporter des bruits habituellement anodins, mais parfois annonciateurs de tremblement de terre. Un patron averti en vaut deux !

À la sortie

La tâche de portier peut aussi impliquer un contrôle des communications à *la sortie*. L'adjoint évite au patron de livrer ses sentiments de façon trop impétueuse. Car l'entreprise n'est pas, comme Lise Payette le faisait dire à l'un de ses personnages de téléroman, «un parc d'amusement pour ceux qui ont des états d'âme !».

La spontanéité contrôlée

L'adjoint joue un peu le même rôle que ce service offert par la compagnie japonaise de téléphone aux gestionnaires stressés. Pour 40 ¢ la minute, on peut composer un numéro de téléphone, engueuler l'interlocuteur anonyme et s'entendre dire par une voix enregistrée : «Je regrette. C'est entièrement de ma faute. Vous avez raison.» Ou encore, à un autre numéro une voix mâle rassure le cadre découragé : «Même les hommes ont des moments difficiles. Cela va s'arranger (soupir... soupir)» (Business Week, 07-04-86).

Il y a même des entreprises ou des cultures où l'expression du moindre sentiment est considérée comme un signe de faiblesse. Hu Yaobang est ce leader chinois dont la démotion, puis la mort ont occasionné ce qu'on a appelé *le printemps chinois* de 1989. Dans une courte biographie dont l'origine véritable demeure incertaine, son secrétaire raconte que lors de leur premier contact, Hu ne pouvait s'empêcher de pleurer, la mort de son père étant survenue la veille. Le jeune homme était tout étonné de constater qu'un haut dirigeant politique pouvait ainsi rire et pleurer devant quelqu'un d'autre (Newsweek, 05-06-89). L'histoire ne dit pas si le secrétaire réussit à convaincre son patron d'être plus discret. Mais un bon adjoint l'aurait laissé *se vider*, puis l'aurait aidé à évaluer la réaction de ses collègues devant une telle démonstration. Il se serait arrangé pour qu'il ne sorte pas du bureau avant d'être bien certain qu'il maîtrise ses impulsions, quitte à les utiliser, dans un but de positionnement tactique, pour attirer la sympathie, gagner du temps ou des points.

Ce rôle ressemble à celui de nourrice. Les deux partenaires se livrent à un jeu. Mais il faut que cela reste un jeu. L'adjoint subit la première crise et il peut en réduire l'impact, comme un coussin. Il reçoit les premières réactions du patron. Il peut ainsi lui donner une idée des effets qu'elles pourraient avoir sur son milieu. Il est comme le premier récepteur, le premier consommateur de la position que le patron prendra face à un événement ou une nouvelle : colère, sursaut d'énergie ou résignation. S'il a confiance en son adjoint, le patron peut donner libre cours à ses impulsions intuitives en circuit fermé et, plus tard, en tirer les éléments utiles pour présentation publique.

Les règles du jeu doivent être très claires. L'adjoint aura peut-être tendance à réduire les risques en tuant dans l'œuf toute initiative qui sortirait des habitudes de l'entreprise. Or son rôle n'est pas d'absorber, et ainsi d'épuiser toute velléité de passion chez son patron. Il y a des occasions où le geste inspiré peut tirer le patron et son entreprise d'un problème où les gestes habituels ne seraient pas aussi efficaces. Ou du moins une réaction rapide, jouant sur le flair du patron, ne doit pas être immédiatement rejetée parce qu'elle ne correspond pas aux normes habituelles dans des situations moins dramatiques.

Un an après l'événement, Lawrence Rawl, président exécutif d'Exxon, regrettait publiquement d'avoir écouté ses adjoints qui lui déconseillaient de suivre sa première intuition et de se rendre immédiatement en Alaska, sur les lieux du désastre écologique provoqué par l'échouement de l'Exxon Valdez. Or c'est justement son éloignement et son apparent détachement que ses principaux critiques lui ont reprochés le plus dans les mois qui ont suivi (Fortune, 31-07-89).

Le rôle de l'adjoint est d'aider le patron à évaluer rapidement les différents aspects de son intuition et de raffiner, comme premier récepteur, les usages qu'il peut en tirer.

Les journalistes

S'il y a des individus qui soulèvent des passions chez la plupart des patrons, ce sont les journalistes. Les uns les recherchent pour obtenir une couverture favorable à leurs objectifs ou à ceux de l'entreprise. Les autres les fuient comme la peste, capable de détruire leur réputation et de noircir l'image de l'entreprise.

Il est certain que les relations avec les médias exigent à la fois un bon contrôle du dossier qui fera l'objet de l'entrevue et une bonne maîtrise des techniques de réponses aux entrevues. Si l'on a décidé de jouer la transparence, il faut éviter les erreurs ou les oublis qui semblent contredire cette transparence. La meilleure volonté et la plus grande honnêteté ne sauraient se passer d'une réflexion sur le message qu'on veut livrer et d'une préparation technique qui ressemble au réchauffement de l'athlète avant la course.

L'adjoint-portier doit bien identifier les règles du jeu auquel sont patron sera confronté. C'est à lui de discuter du niveau de confidentialité ou de sympathie que le journaliste est prêt à accorder. Il existe un code journalistique pour définir ce niveau. Mais il est plus prudent d'en vérifier la compréhension personnelle chez celui qui, par son article ou son reportage, détient des pouvoirs de juge et d'assassin.

Parlant d'un conflit entre un auteur et la personne faisant l'objet de son livre, la journaliste Janet Malcolm du New Yorker (mars 1989), témoignait d'une certaine ambiguïté envers son métier : « Tout journaliste qui n'est pas trop stupide ou trop prétentieux pour voir ce qui se passe, sait bien que ce qu'il fait est moralement indéfendable. Il est une sorte de confesseur qui compte sur la vanité, l'ignorance ou la solitude des gens pour gagner leur confiance et ensuite les trahir sans aucun remords. »

Ce jugement ne tient pas compte des difficultés inhérentes à la pratique du métier de journaliste. Pour gagner l'attention de son rédacteur en chef, puis des lecteurs, celui-ci doit chercher les éléments les plus dramatiques d'une situation. Ce sont les règles d'un jeu extrêmement compétitif. Il est suicidaire de penser pouvoir entrer sur ce terrain de jeu sans en connaître et les règles et les joueurs. L'adjoint doit s'assurer que son patron saura se défendre et fournir au journaliste des *retours de balle* rapides et précis. S'il se trouve dans un secteur d'activité fortement exposé sur la place publique, il pourra même développer une certaine complicité avec quelques journalistes, en vertu de laquelle le patron trouvera une oreille attentive à ses messages et le journaliste, des réponses qui pourraient devancer ses questions... et surtout celles de ses concurrents.

L'ADJOINT-CUISINIER

Le patron n'a pas le temps d'aller chercher les informations dont il a besoin pour prendre ses décisions ou encore de participer aux réunions organisées dans ce but. Il confie donc *la cuisine* ou la préparation des dossiers à un adjoint. C'est à lui de compiler les statistiques, d'interroger le personnel, de consulter les experts.

CAS « Le directeur général refuse de recevoir quelqu'un dans son bureau avant d'avoir entendu ou lu un résumé du dossier que cette personne vient discuter avec lui. Il se sent plus sûr lorsqu'il a l'impression d'en savoir autant, sinon plus, que son interlocuteur. »

La commande

L'adjoint doit avoir une idée claire des attentes de son patron. Il y aura une perte de temps précieux s'il *cuisine* un dossier dont le patron n'a ni le goût ni le besoin. Ils doivent donc, ensemble, convenir d'un code pour dissocier les souhaits hypothétiques des besoins réels. Si le patron déclare qu'il serait commode de connaître l'opinion des consommateurs sur un produit qu'on se propose de mettre au point, il est important pour l'adjoint de connaître les véritables intentions de son patron. Si ce dernier a, de toute façon, décidé de ne pas donner suite à ce projet pour des questions de coût, il serait inutile de consacrer du temps à la recherche d'un argument superflu. L'adjoint a tout avantage à vérifier auprès de son patron sa compréhension de l'importance, de la nature, de la portée et de l'urgence de ce qui lui semble une commande.

Il va de soi qu'un certain nombre de détails ou de conditions de la recherche n'ont pas besoin d'être précisés si les deux partenaires fonctionnent dans le cadre d'un protocole d'entente bien défini.

La commande peut être ponctuelle, comme l'étude d'un projet d'achat, ou permanente, comme la préparation d'un résumé des journaux du matin ou des sujets abordés lors des réunions hebdomadaires.

Il semblerait que cette tâche de cuisinier place l'adjoint en position réactive. Mais il ne faut pas oublier que, pour des commandes ponctuelles, il doit devenir pro-actif et aller chercher les informations pertinentes.

On pourrait classer les attentes du patron sous trois titres : le résumé, l'analyse, la recommandation. Chacune de ces activités implique, de la part de l'adjoint, une attitude particulière et un mode de présentation adapté à l'objectif poursuivi. Cela concerne aussi les mécanismes de recherche qui soutiennent, de façon différente, chacune de ces activités.

La diffusion

Signalons tout de suite que la commande doit inclure la diffusion que le patron a l'intention de donner au travail de son adjoint. S'agit-il d'un document confidentiel qu'il conservera pour alimenter ses réflexions ou ses interventions ? Le texte peut alors être marqué par des symboles et des abréviations convenus. Il peut aussi contenir des commentaires personnels qui ne sont pas pour diffusion publique.

S'il s'agit d'un document destiné à la diffusion publique, l'adjoint peut avoir la désagréable impression que son texte ne sert qu'à prolonger le débat et à retarder la prise de décision. Il se voit contribuer à l'application de la loi de l'insignifiance proposée par Cyril Northcote Parkinson (Parkinson's law or the pursuit of progress) : « Plus le sujet est de peu d'importance, plus la discussion à son sujet est longue, car chacun en discute le détail.» Ou encore «Le temps consacré à traiter d'un sujet est inversement proportionnel à la somme mise en jeu par ledit sujet.»

Et pourtant : «Ce n'est pas parce qu'à peine un dixième des participants à la réunion lira le dossier de quatre-vingt-seize pages que vous aurez fait taper, photocopier, relier sous couverture rouge et distribuer la veille du jour J, qu'il faut vous dispenser de cette formalité. La réunion doit se tenir comme si chacun des participants avait étudié attentivement le kilo de documents qui leur a été remis» (Jean-Loup Chiflet et Marie Garagnoux, FDG : le guide du futur directeur général).

L'adjoint participe à la stratégie de gestion de son patron. Si celui-ci a choisi d'engager ses collègues ou ses collaborateurs dans le processus de réflexion, il compte sur son adjoint pour lui fournir l'instrument le plus adéquat pour mener cette consultation. Il se peut aussi que le patron ait à convaincre ses propres supérieurs, ses associés ou ses clients de la valeur d'une démarche ou d'une décision. L'adjoint devient alors un *vendeur* plus ou moins déclaré d'idées et de projets.

Le document public par excellence, c'est le discours rédigé par l'adjoint et prononcé par le patron. L'adjoint travaille alors par étapes. Il produit d'abord un résumé puis une analyse du sujet à traiter. Une fois que le contenu est accepté, il procède à la rédaction d'un texte qu'il reprendra en plusieurs versions successives jusqu'à ce que le patron en soit pleinement satisfait. Il faut dire que cette satisfaction dépend tout autant du style que du contenu. Pour cela l'adjoint doit connaître le style de son patron. Quels sont les mots qu'il aime prononcer spontanément ? Quelle longueur les phrases doivent-elles avoir pour qu'il puisse les prononcer sans s'essouffler ou endormir son auditoire ?

À titre d'exemple, comparons ces deux déclarations :

| CAS | Le contremaître de l'usine : « C'est moi le patron. Ça ne vous donnera rien de crier. Je suis bien placé pour savoir ce qu'il y a de mieux à faire. Personne ne me fera changer d'idée. » |

| CAS | François Mitterrand, président de la France : « Nous sommes sur la bonne voie et c'est pourquoi je ne voudrais pas que l'on rebrousse chemin. On m'en prie quelques fois de façon abrupte. Et pour faire quoi ? Une société ne prospère que dans l'effort. Abandonner, ici ou là, c'est être assuré de ruiner la France... Moi je ne le ferai pas, personne ne me fera changer de route » (Nice Matin, 08-02-85). |

Le résumé

Le patron n'aime pas qu'on lui dise quoi faire. S'il en avait le temps, il lirait tous les documents et rencontrerait tous ceux qui sont mêlés à une question. Mais il a d'autres priorités.

Robert A. Lutz est responsable, chez Chrysler, du fonctionnement de toutes les usines du fabricant qui *bouffent* 200 millions de dollars US par mois. Il réunit périodiquement les chefs d'usines pour étudier les investissements de plus de 2 millions de dollars US. « Chacun des 22 points qui seront étudiés aujourd'hui a été résumé pour lui sur une feuille lignée. Les 22 feuilles sont placées en ordre dans un cartable noir » (Fortune, 19-06-89).

Le patron a donc besoin de trouver devant lui les points importants. Mais qu'est-ce qui est important ? Cela varie d'une personne à l'autre et d'un moment à l'autre. Pour le portier, nous avons mentionné *la loi de l'urgence relative*. Pour le cuisinier, il faudrait parler de *la loi de l'importance relative*. Chacun voit les choses en fonction de ses propres facteurs PST. Le vice-président qui a un facteur techno comptable s'intéressera aux coûts de production alors que celui qui a un facteur techno marketing pensera d'abord à la clientèle cible.

Cette loi de l'importance relative joue dans tous les aspects de nos vies. Par exemple, prenez le journal du matin et essayez de choisir les trois articles les plus importants. C'est fait ? Regardez ces articles. Et mettez-vous à la place de votre mère ou de votre fils. Auraient-ils choisi les mêmes ?

L'adjoint doit donc très bien connaître les besoins — et les préoccupations — de son patron. C'est tout un art de résumer un lourd dossier de telle sorte que le lecteur en saisisse rapidement les éléments qui influenceront sa prise de position ou de décision.

L'analyse

Il ne s'agit plus seulement de résumer un contenu, mais aussi d'en évaluer chacun des éléments.

Si le portier est parfois forcé à résumer les informations qu'il reçoit, le cuisinier doit aller plus loin. Les informations ne sont pas nécessairement disponibles. Il doit procéder à une recherche qui lui permettra de fournir tous les éléments pertinents. Il ne peut se contenter de ce que lui fournissent les autres membres de l'entreprise. Car la loi de l'importance relative a aussi marqué leur vision des choses.

S'il est possible de résumer une question en utilisant le raisonnement séquentiel (facteur psycho), l'analyse exige un raisonnement matriciel qui mettra en relation les différents éléments. L'adjoint est donc en position de dépasser ce qu'il sait être les préoccupations de son patron. Il faut qu'il attire son attention sur les aspects qu'il aurait tendance à laisser de côté en démontrant leur influence sur ceux qui le touchent plus particulièrement. Par exemple, s'il est question d'une nouvelle politique de vacances annuelles pour les employés, l'adjoint devra identifier entre autres les effets de ce changement sur le service à la clientèle ou sur les contrats avec les fournisseurs. Car il n'est pas certain que le directeur du personnel s'y soit intéressé... ou même qu'il ait cherché à s'y intéresser, sachant que cela pourrait mettre en péril son projet.

Cette façon de procéder implique l'établissement de relations entre différents aspects d'une question. Le risque de ce raisonnement matriciel, c'est d'associer trop rapidement des éléments étrangers. On connaît l'histoire de ce spécialiste de la psychologie animale qui avait décidé de dompter une sauterelle. Il lui avait appris à sauter chaque fois qu'il prononçait le mot *saute*. Pour enrichir sa recherche, il lui enleva une patte (on ne parlait pas encore de l'éthique pour les animaux de laboratoire!). À son ordre, la sauterelle sauta encore. Et ainsi de suite jusqu'à qu'elle n'eût plus de pattes. Alors elle *refusa* de sauter. L'apprenti-psychologue en conclut que «quand une sauterelle a perdu toutes ses pattes, elle devient totalement sourde».

Une relation de cause à effet peut paraître séduisante. Elle expliquerait si bien toute une série de situations. Le patron pourrait être amené à *sauter* rapidement à cette conclusion. C'est le rôle de l'adjoint de remettre en question les réponses trop simples. Il devrait même se méfier de ces réponses qui semblent s'imposer d'elles-mêmes. Il n'y a jamais de cause universelle qui expliquerait tous les accidents de parcours dans la vie d'une entreprise. L'histoire de l'humanité est remplie de catastrophes provoquées par des théories supposément infaillibles. Il vaut mieux vérifier sous tous les angles avant *d'acheter* une interprétation quelconque.

| CAS | «Il avait réussi à me convaincre qu'on réglerait les problèmes de vol dans l'entrepôt en informatisant les stocks. Eh bien, ils ont volé les ordinateurs!» |

Ce travail de vérification pourrait paraître fastidieux. Mais en plus de diminuer les risques d'erreur, il permet souvent de trouver des réponses auxquelles on n'aurait pas pensé.

Une mise en garde : l'adjoint lui-même doit se prémunir contre la loi de l'importance relative. Il a un facteur techno ; il a ses propres intérêts. Il faut que la commande du patron en tienne compte. Sachant que son adjoint est plus habile dans l'étude de certains aspects d'une question, il lui demandera d'utiliser son expertise, se réservant l'application de la loi de l'importance relative à l'analyse qu'il recevra.

L'auteur V.S. Naipaul, cité au chapitre précédent, déclare : « Je n'ai ni attitudes ni points de vue dans mes ouvrages. Je n'ai que des appétits et des réactions violentes » (TIME, 10-07-89). C'est justement le contraire qu'on attend d'un bon adjoint-cuisinier. Il ne doit pas se laisser emporter par ses propres intérêts ou par ses passions personnelles. On lui demande plutôt de prendre des attitudes, par exemple celles d'un comptable ou d'un homme de loi. On veut justement qu'il étudie une question d'un point de vue prédéterminé, et non à partir de réactions qui n'apporteraient rien de plus au décideur. Il n'est pas toujours facile de faire la part des choses entre les attitudes et les réactions. C'est en apprenant à se connaître que l'adjoint saura se prémunir contre des erreurs plus ou moins inconscientes dans l'orientation de son analyse.

Il faut donc que la commande soit claire. L'adjoint a tout avantage à rappeler le contenu de cette commande au début de son analyse afin d'indiquer au lecteur les objectifs de son travail. Il évite ainsi qu'une analyse partielle ne soit prise comme une analyse globale et n'entraîne une décision erronée.

La recommandation

Si tous les éléments d'information sont déjà disponibles, le patron peut solliciter l'intervention de son adjoint pour élaborer certaines recommandations. Il compte sur son facteur techno pour apporter sa compétence (par exemple juridique ou comptable) à l'étude de ces éléments et même pour en déduire un certain nombre d'options qui lui permettront de prendre une décision plus éclairée et plus rapide. Il pourra aussi en tirer les arguments nécessaires pour convaincre ses collègues ou ses supérieurs de la valeur de sa position.

La relation de confiance que l'adjoint entretient avec son patron pourra être mesurée aux nombres d'options qu'il se croit obligé de lui fournir. Dans le meilleur des cas, il en recommande une, tout en soulignant les avantages et désavantages qu'elle comporte. La suite des événements confirmera son jugement et raffermira la confiance de son patron. Dans le cas contraire, il devra s'expliquer et revoir, avec son patron, la marge de manœuvre que ce dernier est toujours prêt à lui accorder.

Si l'adjoint a affaire à un patron le moindrement anxieux, il se sentira obligé d'exposer toutes les options, quitte à mentionner, de façon aussi impartiale que possible, des options auxquelles il ne croit pas. Il se protège. Il se garde une marge de manœuvre qui lui permettra de se rajuster rapidement s'il doit se repositionner. Il doit compter sur sa capacité de réaction.

«La compétence est dans l'art de remplacer des problèmes importants par des problèmes insignifiants, négligeables : l'incompétence est le contraire» (François Bus, Communiquer et manager à distance).

Il faut étudier tous les aspects d'une question et envisager tous les effets d'une décision. Il est parfois tentant de s'arrêter à une solution qui présente de l'efficacité à court terme. Mais si l'on ignore le long terme, on risque de se retrouver dans la même situation que le décideur dont le philosophe grec Hierocles racontait la mésaventure. Pour apprendre à son cheval à moins manger, cet homme décida de ne plus le nourrir. Le cheval en mourut. « Quelle malchance ! » se dit-il. « Aussitôt que je lui ai eu appris à vivre sans nourriture, il est mort. »

Une fois la décision prise, le patron transmet à son adjoint les raisons et les implications de son choix. Par la suite, la cuisine peut consister à en préparer l'exercice par un habile mélange d'informations et de rumeurs transmises par l'adjoint à d'autres paliers. Le patron pourra ainsi jauger l'impact éventuel de sa décision et la modifier en tenant compte des réticences rencontrées.

La recherche

Dans les trois cas (le résumé, l'analyse et la recommandation), l'adjoint doit posséder une certaine habileté à trouver les sources de renseignement.

Pour la commande d'un résumé, il semblerait que tout soit donné dans le matériel à résumer. Or pour résumer efficacement, il faut connaître le contexte de ce matériel.

| CAS | « Mon patron m'a demandé de faire ressortir les points importants d'un projet de construction d'une nouvelle usine. Comment puis-je faire cela quand on ne m'autorise pas à prendre connaissance des plans de développement de l'entreprise discutés par le conseil d'administration ?

Pour la commande d'une analyse ou d'une recommandation, l'adjoint doit aller chercher des compléments d'information à l'intérieur et à l'extérieur de l'entreprise.

Le réseau d'information

L'adjoint-cuisinier doit avoir accès à toutes les informations qui peuvent aider son travail. Dans le monde complexe où nous vivons, il est impossible d'espérer avoir sous la main tous les documents pertinents à son travail.

L'adjoint qui essaierait de lire et de conserver tous les textes qui pourraient, un jour, lui être utiles, ne ferait que cela. Son bureau aurait l'air d'une bibliothèque ou d'une voûte de banque et son horaire, d'une course contre la montre.

L'important, ce n'est pas d'avoir l'information, mais de savoir où elle se trouve. L'informatique a donné naissance à des systèmes de classification et à des banques de données qu'on peut consulter à distance... à condition d'avoir pris le temps de s'informer de leur existence et de leur fonctionnement. Les responsables de ces services sont payés pour lire et pour classer. L'adjoint, lui, est payé pour traiter les informations qu'il pourra y trouver. À chacun son métier...

En dehors des grandes banques de données gouvernementales ou privées, chaque association industrielle, professionnelle ou syndicale possède un service de consultation et de documentation prêt à répondre aux besoins de ses membres. Pourquoi essayer de dédoubler ces services avec des moyens nécessairement moins efficaces ? Pourquoi se surcharger de documents dont le contenu sera nécessairement périmé au bout de quelques mois ?

L'adjoint prudent conserve les références des sources de documentation et non la documentation elle-même.

Le réseau d'informateurs

Pour faciliter sa tâche, il lui faut maintenir un bon réseau de complicités dans tous les secteurs de l'entreprise et même dans l'ensemble de son milieu d'affaires.

Le patron sera, plus souvent qu'à son tour, confronté à ce que les fonctionnaires britanniques appellent *le syndrome de la lumière du frigo* (L. Jonathan et J. Anthony, The Complete Yes Minister — The Diaries of a Cabinet Minister). Comment savoir si la lumière à l'intérieur du réfrigérateur ne reste pas allumée quand la porte est fermée ? Si l'on regarde à l'intérieur, la porte n'est plus fermée. Et si l'on ne regarde pas, on ne saura jamais si... Il faudrait, pour avoir la réponse, que quelqu'un reste dans le frigo. Sinon, on aura toujours l'impression de manquer d'une information, sans vraiment savoir laquelle !

Cet informateur «dans le frigo», c'est celui avec lequel on maintient un programme plus ou moins avoué d'échanges d'informations. Pour parodier une chanson qui fut fort populaire : « Tant qu'il y aura quelqu'un dans le frigidaire... »

Ce programme ne se construit pas sur des échanges unidirectionnels. Bien sûr, l'adjoint peut utiliser le nom ou le titre de son patron pour obtenir une information. Mais il s'agira toujours d'une information *officielle*, et ce n'est probablement pas pour se limiter à ce genre d'information que le patron s'est donné un adjoint ! Sa valeur comme cuisinier sera grandement augmentée s'il peut compter sur des informations *officieuses* données par des collègues qui s'attendent à la réciproque.

Il y a donc une série d'échanges bidirectionnels qui tissent une toile informelle servant de filet de sécurité ou même de tremplin aux participants.

Le filet de sécurité

Le filet de sécurité, c'est le renseignement quasi confidentiel qu'il serait impossible d'obtenir par les filières officielles. Il permet à l'adjoint et à son patron d'éviter des erreurs par l'ignorance de certains faits qui ont été oubliés ou même cachés par ceux qui avaient mandat de les communiquer. C'est d'ailleurs dans ce cas que les contacts extérieurs sont le plus utiles. Les fonctionnaires d'un bureau gouvernemental de réglementation ou les adjoints des gestionnaires d'un fournisseur, d'un client ou même d'un concurrent peuvent apprendre certaines choses plus rapidement que les intéressés. On sait bien que le réseau de rumeurs fonctionne souvent plus rapidement que celui des communications institutionnelles.

Dans les cas d'informations offrant un filet de sécurité, l'adjoint doit porter attention à trois conditions indispensables pour le maintien de la relation de complicité.

La première condition est de respecter la source de cette information. Si l'informateur ne souhaite pas être reconnu comme tel par son propre milieu, il faut à tout prix éviter de le démasquer, même si cela ajouterait du crédit à l'information. D'ailleurs, le besoin de faire une telle révélation peut cacher une forme de volonté triomphaliste, la dénonciation d'un informateur étant comme un trophée à la gloire de l'adjoint. Pourtant, une telle indélicatesse est la meilleure façon de brûler son contact. Et les autres contacts potentiels apprendront rapidement qu'il est impossible de se fier à la discrétion de cet adjoint trop bavard. Pensons aux services secrets de certains pays auxquels leurs alliés officiels refusent de confier des informations privilégiées à la suite de fuites spectaculaires exploitées par des journalistes ou des services ennemis.

La deuxième condition, c'est de se rappeler qu'il s'agit d'une complicité bi-directionnelle. On ne peut pas être toujours le bénéficiaire sans jamais servir d'agent d'information pour les autres.

Et c'est là qu'intervient la troisième condition. Il faut juger si la nature de l'information qu'on s'apprête à livrer fait plus de tort que de bien à sa propre entreprise. Le prix à payer pour s'assurer d'une complicité n'est-il pas trop élevé? On connaît l'histoire de ces policiers qui, pour obtenir la collaboration de criminels dans une enquête ou un procès, se laissent prendre à des concessions jugées ensuite inacceptables par leurs supérieurs ou par l'opinion publique. L'adjoint doit être prudent non seulement au moment de livrer une information, mais aussi dans les engagements plus ou moins formels qu'il prend avec celui qui lui fournit l'information.

Qu'est-ce que l'autre attend en retour ? Il va de soi que ce ne sont pas des conditions qu'il est facile de préciser dans un domaine aussi flou et imprévisible que l'échange d'informations. Mais il faut éviter d'être piégé par une obligation dont la réalisation deviendrait impossible. On risquerait alors d'être accusé de ne pas jouer selon les règles de la complicité qui règne dans le milieu. Et cela aussi, c'est une nouvelle qui se répand très vite !

Le tremplin

La toile d'échanges bidirectionnels peut aussi être un tremplin. Elle offre des informations non urgentes mais stimulantes. On se sert de l'expérience ou des réflexions des autres pour faire avancer les siennes. C'est le rôle des associations professionnelles, des clubs sociaux, des séminaires de formation et de tous les autres regroupements qui permettent d'asseoir, à la même table à dîner, des complices potentiels. On apprend ainsi les causes de succès ou d'échec et on découvre les tendances du milieu où l'on se trouve. Ce sont autant d'informations qui seront utiles pour répondre aux commandes du patron.

La présentation

Le patron et l'adjoint doivent s'entendre sur la forme de présentation du travail du cuisinier.

La communication verbale

L'adjoint rencontre le patron et lui livre de vive voix les résultats de son travail. Certains patrons n'aiment pas lire. D'autres ne peuvent pas lire par manque d'habitude, par manque de temps ou à cause d'un problème de vision. Ce dernier cas n'est pas si rare qu'on le pense.

Après avoir été banquier et président du conseil de Purolator Courier Corp., Nicholas F. Brady a été choisi comme secrétaire au Trésor du président Bush. Il s'est rendu à cette étape malgré une dyslexie qui l'empêche de lire des documents écrits plus rapidement qu'un enfant de 13 ans. Il compense cette faiblesse en comptant sur les analyses verbales fournies par ses adjoints. Après leur avoir demandé de se plonger dans une question, il se rend dans leurs bureaux pour en discuter et les aider à la simplifier jusqu'à ce que lui et eux puissent bien la comprendre. Il résume ainsi sa technique : « Le diable se cache dans les détails. Si vous vous mettez au pique et à la pelle, les solutions vont vous sauter au visage » (Fortune, 22-05-1989).

Cet échange verbal est le meilleur moyen d'éviter toute confusion dans la communication. L'un et l'autre peuvent vérifier si le message s'est bien rendu. Il demande une grande disponibilité de la part de l'adjoint qui doit se tenir prêt à informer son patron au moment où cela lui conviendra. Tous deux peuvent toujours s'entendre sur des rencontres périodiques, programmées en fonction des réunions pour lesquelles le patron est le plus susceptible d'avoir besoin de ces informations.

Finalement, cet échange verbal peut aussi, à la limite, se faire au téléphone. Eduard Shevardnadze, le ministre soviétique des affaires extérieures, est un homme fort occupé. Il doit faire, le matin, quinze minutes de route dans sa limousine privée pour aller de sa maison de banlieue à son bureau. Il utilise ces minutes pour recevoir, au téléphone, un résumé des nouvelles internationales. Il est ainsi prêt à plonger dans les affaires courantes dès son arrivée (TIME, 15-05-1989).

La communication écrite

L'écrit laisse plus de place à l'imprévu. Une fois que la communication a été figée sur papier et remise au patron, celui-ci peut la consulter au moment où il le jugera nécessaire. Il peut même y ajouter ses propres remarques et se servir du tout comme d'un mémo pour ses prochaines discussions ou réflexions.

S'il libère le temps du patron, l'écrit exige probablement plus de temps de la part de l'adjoint. Ce dernier doit s'assurer que le contenu livre bien son message. S'il parle la même langue que son patron, on pourrait supposer qu'ils se comprennent aisément. Or, on sait bien qu'il peut se glisser des erreurs dans la communication la plus simple à cause de l'interprétation que l'expérience personnelle donne à chacun des mots. Comme on le répète souvent, le mot *table* ne produit pas l'apparition de la même image dans l'esprit de tous les interlocuteurs. L'un pensera à sa table de cuisine ; l'autre, à la table de travail de son père.

Sans entrer dans l'exposé des théories de l'ethnométhodologie (une critique de la sociologie classique), signalons que des théoriciens de la communication se sont penchés depuis de nombreuses années sur l'apparente opposition entre deux constats : notre éducation et nos expériences influencent notre compréhension des idées et des mots, et pourtant nous réussissons à vivre ensemble et à croire qu'il n'y a pas de différence entre nos compréhensions. La réponse se trouverait dans une sorte de suspension de l'esprit critique. On fait comme si l'autre devait nécessairement penser la même chose que nous en parlant de *famille, paix* ou *productivité*. De plus, on passe volontairement par-dessus les écarts jusqu'à ce que certains d'entre eux aient des effets trop néfastes. Par exemple, combien de guerres n'a-t-on pas fait pour s'assurer que prévale sa propre conception de la paix !

Ces écarts de compréhension peuvent devenir plus importants s'il s'agit d'identifier des nuances dans un dossier à résumer ou à analyser. Il faut donc que le patron et l'adjoint conviennent d'un code précis. Son élaboration devrait idéalement se faire au cours de longues conversations après l'embauche de l'adjoint. Mais il ne faut pas rêver ! L'un et l'autre seront sollicités par bien d'autres occupations. Ils modifieront alors leur compréhension mutuelle au fur et à mesure de leur relation, même s'il y a là une perte de temps considérable et des risques de malentendu. Les contacts périodiques deviennent encore plus indispensables, non plus seulement pour évaluer le travail mais aussi pour bâtir un code commun.

Une interlangue patron-adjoint

Il y a bien sûr le code des abbréviations, surtout dans les résumés. Mais il y a aussi le code des adjectifs. Quelle différence chacun fait-il entre *important, indispensable* ou *urgent* ? Si leurs facteurs techno ne sont pas parallèles, l'adjoint doit se garder de l'usage involontaire d'un vocabulaire spécialisé qui ne signifie rien pour le patron non initié. Les deux partenaires auraient avantage à imiter les créateurs japonais de logiciels de traduction. Au lieu de bâtir plusieurs programmes pour aller d'une langue à l'autre, ils ont choisi de passer par une *interlangue*. Il y a donc un programme pour aller d'une langue à cette inter-langue et vice versa. Pour aller d'une langue à l'autre, on passe donc par cette interlangue qui sert de dénominateur commun entre les deux. On fait le travail une fois pour chaque langue et c'est tout !

Le patron et l'adjoint qui ont des facteurs PST per-pendiculaires et symétriques n'auront pas à les traduire isolément s'ils se composent une interlangue qui précise les principaux éléments de communication dans le cadre de leur entreprise. L'avantage d'une telle solution devient encore plus évident si le patron doit traiter avec plusieurs adjoints qui ont des facteurs perpendiculaires non seulement avec lui, mais entre eux. Encore faut-il qu'il se sente assez sûr de lui pour les réunir et ne pas essayer de traiter individuellement avec chacun, de peur qu'ils ne prennent ensemble le dessus sur lui !

Ce niveau de langage s'instaure avec le temps. Mais les bases d'un tel code peuvent être jetées dès le départ, à l'embauche, lorsque le patron et l'adjoint ont à définir ce qu'ils entendent par *respect de l'autorité*. Cette autorité s'incarne effectivement dans un langage qui véhicule les options fondamentales de celui qui l'utilise. Pensons simplement aux mots « marge de manœuvre » et « responsabilité sociale ». Ils peuvent avoir une extension plus ou moins large selon qu'on opte pour une vision conservatrice ou libérale du rôle de l'entreprise dans son milieu. Quand Bernard Attali est devenu président d'Air France, il a réuni ses cadres supérieurs et leur a déclaré : « Vous serez jugés sur deux critères simples, vos performances de managers et votre loyauté à mon égard... » (L'Expansion, 06-01-89). Or cette loyauté ne s'exprime pas seulement dans le respect des décisions du patron , mais aussi dans la façon de voir l'entreprise et d'en parler !

L'ADJOINT-PLOMBIER

Il y a des moments dans la vie d'une entreprise où il faut arrêter de faire des études et agir. Le patron n'a plus besoin de portier ou de cuisinier. Il lui faut un plombier pour *boucher les trous* ou refaire la *tuyauterie* de l'entreprise.

Ayant pris la direction d'un Burger King Corp. en difficulté, Barry J. Gibbons a insisté pour qu'on passe à l'action. « Ma philosophie est la suivante : si un serpent passe la porte, tuez-le. N'appelez pas une firme de consultants ! » (Business Week, 22-5-89).

Il faut passer à l'action ! Mais le patron ne trouve personne de disponible dans la structure hiérarchique. Ou pis, il n'a plus confiance en ceux qui seraient disponibles. Il faudrait idéalement qu'il intervienne lui-même, mais il n'a pas le temps. Il lui faut un adjoint qui puisse, en son nom, réaliser l'intervention et se retirer dès qu'elle est faite. C'est ce que nous appelons l'adjoint-plombier.

On revient ici à la double nature de l'adjoint. Pour qu'il y ait véritablement une tâche de plombier, il faut que celle-ci soit extérieure à l'ensemble des tâches habituelles de celui auquel elle est confiée. Ce fait est évident dans le cas d'un adjoint en titre. Mais c'est aussi parfois vrai de celui qui a des fonctions officielles de gestion et qui reçoit un mandat additionnel, plus ou moins officiel, de son patron. À la limite, on pourrait même dire que sa fonction n'est qu'une série de mandats particuliers mis bout à bout. On dépasserait un peu le sens strict donné ici au terme *adjoint*, mais on comprendrait encore mieux que tout ce qui est dit de l'adjoint peut s'appliquer, dans les grandes lignes, à tous ceux qui travaillent avec un patron.

Déléguer

On nage ici en pleine ambiguïté, car la délégation est peut-être l'une des tâches les plus difficiles du patron. Lorsqu'il délègue, il court le risque du complexe de culpabilité. Il a l'impression d'abandonner ses responsabilités à quelqu'un d'autre qui ne saurait les endosser aussi bien que lui. Il y a donc un double péril : le jugement de ses pairs sur sa façon d'assumer ses fonctions et sur les résultats qui ne sont plus entièrement sous son contrôle.

Par ailleurs, certains patrons n'hésitent pas à se débarrasser de tâches qui les ennuient ou les dépassent. Un patron peut avoir la délégation trop généreuse s'il ne tire aucun plaisir de son emploi ; il peut l'avoir envahissante s'il cherche à éviter les difficultés et à s'assurer d'un bouc émissaire (l'adjoint) en cas d'échec.

Finalement il y a le patron sûr de lui et motivé. Celui-ci cherche à démultiplier son action par des délégations bien définies qui permettent à ses adjoints d'exercer leur compétence dans le cadre de sa propre autorité. Cette délégation implique l'engagement du patron à fournir à son adjoint l'autorité, les ressources et le soutien politique nécessaires pour remplir son mandat. Contrairement aux plombiers réels du Watergate américain ou fictifs de la série de télévision *Mission impossible*, l'adjoint-plombier doit pouvoir compter sur l'appui de son patron en cas de difficulté.

CAS « Ma patronne m'avait demandé d'aller sonder le terrain pour connaître l'intérêt des employés dans l'organisation d'une fête de Noël pour enfants. Quand je suis arrivée au service de distribution, le superviseur m'a accrochée et m'a engueulée. Il paraît que je dérangeais ses employés. Il m'a dit que ma patronne n'était sûrement pas au courant de mes démarches. Quand j'ai fait mon rapport à la patronne, j'ai dû lui expliquer pourquoi je n'avais pu obtenir l'opinion des employés de la distribution. Elle a immédiatement téléphoné au superviseur pour lui dire que j'avais agi sous ses ordres et... pour s'excuser de ne pas lui en avoir parlé elle-même. »

L'adjoint acquiert alors un rôle forcément pro-actif. Contrairement au portier, c'est lui qui va prendre l'initiative d'entrer en contact avec des employés, des fournisseurs ou des clients. Contrairement au cuisinier, son action ne mène pas à la décision ; elle en découle. Le patron a déjà pris une décision, à l'adjoint d'en assurer la réalisation.

L'enquête

Si le cuisinier prépare des dossiers pour alimenter la réflexion et la décision du patron, le plombier intervient en temps de crise. Quelque chose fonctionne mal, il est important de poser un geste pour en découvrir la cause et corriger le problème. L'adjoint doit alors être pro-actif pour obtenir les collaborations souhaitées. C'est là que ses rapports avec les différents secteurs de l'organisation lui seront utiles.

L'enquête privée

Informé d'un problème, le patron a besoin de savoir ce qui se passe dans l'un des secteurs de son entreprise. S'il intervient lui-même, il risque de dramatiser une situation qui n'est peut-être rien d'autre qu'un malentendu. Le patron pourrait toujours renvoyer la question à la structure hiérarchique, car il lui faut tenir compte des cadres responsables des secteurs en cause. Mais cela pourrait provoquer des inquiétudes ou des frustrations inutiles. Par ailleurs, il doit intervenir afin de se garder un rôle de *recours ultime* dans l'entreprise. C'est une façon d'éviter des surprises désagréables en cours de route. Et, dans certains cas, il ne peut ignorer *l'appel au secours* d'un employé ou d'un client sans perdre la confiance dont il pourrait avoir besoin dans d'autres circonstances.

L'adjoint est en mesure d'obtenir plus facilement l'information sous forme d'enquête de routine. Il n'engage pas le patron dans une opération de contrôle qui laisserait supposer, de sa part, un jugement déjà arrêté sur la responsabilité des personnes interrogées.

| CAS | « Mon patron avait reçu un appel d'un client insatisfait. Or il s'agissait d'un très bon client qui faisait affaire avec nous depuis des années. Il m'a demandé de parler au vendeur afin de connaître sa version des choses. J'ai alors découvert que le client avait mal formulé sa commande. Je lui ai téléphoné et nous avons réglé le problème à l'amiable. »

Au niveau du rythme de travail, l'adjoint devient *lièvre* afin de répondre à l'urgence du mandat confié par le patron. Quel que soit le rythme de son patron, il doit agir rapidement afin de confirmer l'intérêt de ce dernier pour la cause qui lui a été signalée. Ce n'est pas le cas pour l'enquête publique qui appelle plutôt un rythme de *tortue*, afin de bien illustrer l'intérêt du patron pour une consultation ouverte où tous les intéressés ont la possibilité de s'exprimer.

L'enquête publique

Le patron peut décider de mettre en branle un processus menant à une décision plus importante. Il souhaite engager un groupe de personnes, à l'intérieur ou à l'extérieur de l'entreprise, dans une série de consultations. Le travail de l'adjoint ne consiste plus seulement à recueillir les opinions et les arguments. Il doit activement les rechercher et mettre en branle des mécanismes publics qui invitent à la participation. Son action témoigne de l'intérêt de son patron à obtenir le plus d'informations possible avant de prendre une décision. Il faut que cela soit connu et donne lieu à des activités (comités, réunions, sondages) qui attirent l'attention des personnes concernées. Les conclusions seront publiées dans un rapport... dont le contenu aura ou n'aura pas reçu l'approbation préalable du patron ! Il s'agit d'une nuance importante que le patron devra préciser dans le mandat qu'il confie à son adjoint.

Les consultants

Il peut arriver que le patron souhaite l'intervention de consultants externes pour obtenir une expertise et une impartialité qu'il *sait* (et non qu'il suppose) ne pouvoir trouver à l'interne. Sinon, il ne fait que retarder la solution du problème. S'il décide en ce sens, il a besoin d'un lien entre l'entreprise et le groupe de consultants. Ceux-ci doivent avoir accès rapidement auprès des différents membres de l'entreprise et connaître leur rôle dans le dossier soumis à leur expertise. L'adjoint peut jouer cette fonction de trait d'union, tout en s'assurant qu'il y a de part et d'autre une bonne compréhension du mandat confié aux consultants. S'il est vrai que la plupart des consultants souhaitent négocier directement avec le patron, il n'en demeure pas moins que ce dernier pourra se garder une marge de manœuvre en maintenant, par l'intermédiaire de son adjoint, une certaine distance par rapport à leurs activités. En déléguant son adjoint, il signale quand même son intérêt pour leur travail et leur assure un contact privilégié avec lui.

La réalisation

L'adjoint va recevoir un mandat clair et même, dans bien des cas, l'autorité sur une partie de l'entreprise. Le patron a prévu une activité qui n'entre dans le domaine spécialisé d'aucun des secteurs de l'entreprise. Il s'agit d'une action ponctuelle pour laquelle il serait improductif de modifier les structures ou d'en créer de nouvelles. Il faut, au contraire, regrouper les compétences de différents secteurs, sans pour autant donner l'impression qu'on en privilégie l'un plus que l'autre.

> **CAS** « La direction avait décidé de moderniser le nom et le logo de l'entreprise. Mon patron avait la responsabilité de créer un événement qui permettrait d'en informer le personnel et de les habituer à cette nouvelle image publique. Le service du personnel s'était déclaré incapable de l'organiser. Alors il m'a demandé de monter un petit groupe de travail avec des représentants des différents secteurs de l'entreprise. »

L'adjoint doit alors faire preuve d'un raisonnement matriciel pour bien évaluer les effets de son intervention, et d'un raisonnement séquentiel pour la planifier et la mener à terme. S'il a un rythme de *lièvre*, il doit faire attention de ménager la susceptibilité des cadres qui entourent le patron. Sa fougue peut l'amener à bousculer les indécis pour atteindre les résultats escomptés. Mais il ne doit pas oublier que les rancunes durent longtemps. Certains cadres frustrés par l'invasion de leur domaine ont la mémoire longue. Ils seront tentés de saboter la crédibilité de l'adjoint auprès du personnel et la confiance que lui accorde son patron. Quant lui, il ne doit pas oublier qu'il représente son patron. Il serait malheureux que celui-ci soit obligé d'intervenir pour calmer les inquiétudes de ceux que l'adjoint n'aurait pas su associer à sa démarche. L'adjoint a tout avantage à se rappeler qu'à moins de circonstances exceptionnelles le patron devra toujours, du moins publiquement, prendre le parti de ceux qui assument la responsabilité des activités de l'entreprise. Il n'aura rien à gagner d'une confrontation avec eux. Si le patron doit appuyer son adjoint dans la réalisation d'un mandat, il ne peut en aucun cas défendre et excuser ses maladresses à l'égard de ceux qui ont pour tâche de coordonner le fonctionnement quotidien des différents secteurs d'activité.

Si la proximité du patron assure aux interventions de l'adjoint un préjugé favorable dans l'entreprise, celle-ci lui impose une prudence qui tient compte des implications de chacun de ses gestes. Le patron, quant à lui, doit être conscient de la situation ambiguë dans laquelle se trouve son adjoint. Il devra donc bien définir les mandats de réalisation qu'il lui confie et tenir compte de ses relations avec l'ensemble de l'entreprise.

La correction

Il arrive que la situation soit tellement grave que le patron doit mettre en cause la structure hiérarchique existante. Il se livre alors à une intervention qui causera un choc dans l'entreprise. Il remplace un cadre de secteur par un adjoint dont le facteur techno correspond à l'expertise nécessaire pour corriger la situation. L'adjoint est plus que l'ambassadeur de son patron. C'est un bourreau qu'on envoie trancher dans le vif du problème.

> CAS « Le directeur du secteur des achats venait de démissionner. Une vérification interne avait révélé certaines collusions avec des fournisseurs. Il fallait mettre de l'ordre là-dedans. Mon patron m'a nommé directrice intérimaire des achats afin de faire un nettoyage dans le secteur. »

Il est tentant, pour un patron, de solutionner un problème aigu en faisant intervenir un adjoint en qui il a une confiance absolue. Le profil de carrière de cet adjoint semble démontrer qu'il n'a aucune intention de s'incruster dans son poste intérimaire. Cette intervention lui donnera le temps de prendre des décisions à plus long terme tout en étant continuellement informé, par un délégué impartial (sauf envers lui), de l'évolution du dossier.

Le désavantage, c'est que ce rôle de bourreau peut coller à l'adjoint. Par la suite, son efficacité dans d'autres tâches sera entachée de cette image qui le rendra suspect aux yeux des membres de l'entreprise. Ce risque sera diminué par les précisions que donnera le patron sur la portée et la durée de la tâche de plombier confiée à l'adjoint. Ceci aidera aussi l'adjoint à ne pas craindre le sort réservé aux bourreaux par le célèbre Machiavel. Celui-ci suggérait au prince de confier le sale boulot à une autre personne. Il lui suffirait par la suite de se débarrasser de cette personne en la rendant coupable des désagréments qu'elle aurait causés à son bon peuple.

Finalement, l'adjoint doit s'assurer d'avoir une certaine marge de manœuvre dans son mandat de correction. Il reçoit des instructions et les réalise de son mieux sans connaître le contexte dans lequel son action se situe. Si la délégation ne porte que sur l'application aveugle de décisions prises par le patron, il peut se retrouver en situation conflictuelle. L'analyse de la situation a peut-être été imprécise. On a oublié, par exemple, qu'elle pouvait évoluer.

CAS

« On venait de publier un rapport sur les coûts de production dans l'entreprise. Il indiquait clairement que, si on ne faisait pas quelque chose, ce département pouvait causer des torts irréparables à l'ensemble de nos activités. La conclusion semblait évidente : il fallait couper au niveau du personnel et faire la sélection de ce qui pourrait être sauvegardé. Le directeur de ce département avait déjà été limogé. Mon patron m'a donné le mandat de prendre, à court terme, la direction du département en question. Il fallait conserver un certain nombre d'employés, en déplacer vers d'autres secteurs d'activité et finalement en congédier à peu près le quart. J'avais trois mois pour faire tout cela. En outre je devais produire un nouveau rapport à la fin de cette période.

Je pouvais agir assez froidement puisque mes ordres étaient précis. Mais pendant l'exécution, j'ai réalisé qu'une remontée foudroyante de ce secteur était en fait une question de temps. Je l'ai dit à mon patron. Mais il m'a demandé de poursuivre et d'exécuter ses ordres. J'ai appris plus tard qu'il avait eu des informations qui venaient confirmer l'importance de fermer ce secteur d'activité. »

Privé de marge de manœuvre, l'adjoint peut en venir à croire qu'il ferait un travail plus satisfaisant si l'on ne se contentait pas de l'appeler dans les situations d'urgence ; il pourrait peut-être circonscrire les problèmes avant qu'ils ne présentent un danger pour l'entreprise. Mais dans certains cas, c'est expressément pour cette fonction de dernière minute qu'on l'a engagé comme adjoint. Ce serait malheureux qu'il en vienne à croire qu'il est un *fourre-tout*.

La responsabilité

S'il y a pour l'adjoint une tâche encore plus désagréable qu'un mandat de correction, c'est celle de *bouc émissaire*, non plus pour l'ensemble de l'entreprise mais pour son propre patron.

Dans son livre <u>The Jackson Phenomenon</u>, Elizabeth O. Colton raconte son expérience d'attachée de presse du candidat Jesse Jackson durant la campagne à la nomination de son parti. Chargée du quotidien, elle n'avait aucune influence sur l'établissement des grandes stratégies. Pis, elle n'a jamais pu accepter de se faire engueuler par son patron à la suite d'une mauvaise entrevue ou d'un reportage négatif. Elle avait de la difficulté à admettre que d'être bousculée par son patron faisait justement partie de sa tâche !

Mais on entre déjà ici dans l'une des faiblesses du patron. Il s'agit d'un danger inné à la relation patron-adjoint. On oublie que la responsabilité implique la marge de manœuvre. L'un ne va pas sans l'autre, à moins de déformer complètement les objectifs de la relation et de transformer l'un des associés en victime professionnelle... ce qui ne peut mener, à plus ou moins long terme, qu'à la destruction de la relation.

4 | LES FAIBLESSES

Dans le premier chapitre, nous avons présenté les caractéristiques personnelles du patron et de l'adjoint. Nous avons indiqué qu'elles peuvent donner lieu à diverses combinaisons parallèles ou symétriques. Puis nous avons montré comment ces combinaisons pouvaient se retrouver dans les tâches de l'adjoint. Nous verrons maintenant comment elles peuvent être développées en tenant compte des faiblesses du patron et de l'adjoint.

Que vous soyez patron ou adjoint, nous vous suggérons de lire froidement le texte qui suit. N'essayez pas, pour l'instant, de vous ausculter afin d'identifier vos faiblesses ou celles de votre patron. À la limite, vous pouvez tâcher d'en repérer dans votre voisinage. Mais attendez la fin du chapitre pour tirer vos conclusions car nous allons parler de cas extrêmes. Et nous sommes certains que vous n'en êtes pas là !

D'ailleurs, il serait ridicule de prétendre que le patron et l'adjoint n'ont aucune faiblesse. Sinon, pourquoi s'associeraient-ils ? Le philosophe Pascal disait : « Nous ne nous soutenons pas dans la vertu par notre propre force, mais par le contrepoids de deux vices opposés, comme nous demeurons debout entre deux vents contraires : otez un de ces vices, nous tombons dans l'autre » (Pensée n° 325).

De même la relation patron-adjoint ne se maintient qu'en vertu d'un savant équilibre des faiblesses des partenaires. Il leur sera impossible de maintenir cet équilibre s'ils ne font pas ensemble l'effort d'identifier et de reconnaître les faiblesses de part et d'autre.

LES FAIBLESSES DU PATRON

Le somptuaire

Certains patrons préfèrent la partie *spectacle* de leur rôle. Ils aiment bien les avantages *sociaux* que leur apporte leur titre. Ils apprécient les honneurs (aussi minces soient-ils) qu'on leur accorde au sein de l'entreprise elle-même et dans les cercles dont ils font partie. Ils sont à la recherche de la *super reconnaissance*. Ils en viennent même à se prendre au jeu de leur image publique et à considérer l'analyse d'un problème, la prise d'une décision et le contrôle de son exécution comme du temps volé à leur principale activité de rayonnement. À les voir courir après les tribunes publiques, on pourrait se demander s'ils le font pour servir l'entreprise ou s'ils se servent de l'entreprise comme d'un podium.

Qu'est-ce qui peut expliquer une telle déviation ?

L'héritier

Il peut s'agir de la paresse d'un héritier qui bâtit son image à même le succès de l'entreprise et qui vit au dépens des ressources léguées par ses prédécesseurs. Trop occupés à assurer le succès de leur entreprise, ceux-ci ont oublié de transmettre à l'héritier les vertus qui leur ont permis d'atteindre ce but. Ils n'ont pas pris le temps de lui enseigner que les satisfactions du patron doivent se gagner au prix d'efforts soutenus (le désir et la volonté d'agir). L'héritier qui suce le sang vital de l'entreprise n'est peut-être même pas conscient du tort qu'il lui cause. Il n'a jamais été confronté à la réalité car elle était masquée derrière les splendeurs de la vie sociale de sa famille.

Par ailleurs, derrière cette réaction psychologique se cache peut-être le besoin inconscient du patron de se venger de la négligence de ses parents. Il adopte, envers l'entreprise qui était leur véritable enfant, la même attitude qu'ils ont eue envers lui !

À ce niveau, ses seules interventions auprès de l'entreprise seront de nature réactive, et selon un modèle de raisonnement séquentiel visant avant tout la solution de ses problèmes de délégation. Il oublie, ou même ne voit pas, qu'il n'a pas reçu dans son éducation des valeurs comme l'amour du travail ou encore mieux, de l'effort. Il délègue pour se débarrasser et non pour augmenter sa capacité d'investigation.

Le repos du guerrier

S'il n'a pas hérité de son poste, le patron a dû se battre pour l'atteindre. Il considère que c'est maintenant au tour des autres de travailler et au sien de profiter des avantages du titre qu'il a décroché après tant d'années de dur labeur.

Le missionnaire

Un autre cas — plus intéressant — c'est celui du patron qui a créé son poste ou son entreprise et qui décide de profiter de son succès pour faire avancer ses causes préférées. Il s'agit d'un être pro-actif. Il peut se faire le champion des intérêts particuliers de son industrie, du bien-être d'une classe de déshérités, du financement de la recherche médicale ou du développement de l'entraide mondiale. Cet engagement extra-organisationnel se développe imperceptiblement. Le patron acquiert ce qu'on pourrait appeler le *syndrome de Karajan*, du nom du célèbre et dynamique chef d'orchestre à propos duquel on racontait cette anecdote, probablement fictive :

> Karajan saute dans un taxi.
>
> Le chauffeur : « Où allez-vous ? »
>
> von Karajan : « Peu importe. On me demande partout ! »

Le patron accepte la présidence d'honneur d'une campagne de levée de fonds et il se retrouve à l'autre bout du monde pour un congrès international portant sur un sujet dont il connaissait à peine l'existence quelques années auparavant. Il peut toujours s'illusionner sur l'utilité d'un tel engagement pour la réputation de son organisation. Cette fois, il ne lui est pas très facile de différencier l'image publique de son entreprise de la sienne propre puisqu'elles ont progressé ensemble jusque là. Sa présence dans un congrès ou une activité socio-culturelle prestigieuse donnera-t-elle des bénéfices promotionnels qui compenseront son absence du terrain de l'entreprise ?

Il faut toutefois souligner que des patrons peuvent avoir certains comportements de somptuaires sans pour autant délaisser la gestion de leur entreprise. Konosuke Matsushita, fondateur et dirigeant de l'entreprise portant son nom, était un homme qui avait des convictions philosophiques, et il n'hésitait pas à en témoigner sur la place publique. Il publiait aussi un mensuel fort populaire dont le titre signifiait paix et bonheur par la prospérité. Ces activités ne l'ont pas empêché de faire de son entreprise le numéro 1 mondial en électronique domestique.

En faisant le portrait de Jean Douville, pdg d'UAP, le journaliste signale : Au Québec, à côté d'entreprises dont les patrons font figure de vedettes, il en existe d'autres dont la réussite ne fait pas la manchette des journaux. Leurs dirigeants ne passent pas à la télévision et ne donnent pas de leçon aux politiciens : ce sont des professionnels qui, jour après jour, appliquent une politique longuement mûrie et qui, au fil des rapports annuels, confirment une croissance rectiligne, sans surprise, mais d'une constance qui engendre des bénéfices considérables (Commerce, 11-88).

Les vrais somptuaires, dans le sens négatif où nous utilisons ce terme, n'ont aucune hésitation à laisser leur adjoint prendre les décisions à leur place, à condition d'en garder le mérite public. Dans son livre sur le Moyen-Orient, Thomas L. Friedman (From Beirut to Jerusalem) démontre que même « les révolutions les plus photogéniques doivent, d'une façon ou d'une autre, déboucher sur des négociations serrées ». Ces patrons peuvent faire de beaux discours, occuper la chronique socio-culturelle des journaux ; ils devront bien, un jour, s'asseoir à la même table que le personnel, les fournisseurs ou les clients. C'est alors qu'intervient l'adjoint.

Cet adjoint doit être pro-actif puisqu'il ne peut attendre de son patron des instructions quant à ses lieux d'intervention. Si son raisonnement est matriciel, la présentation doit être séquentielle pour un patron qui ne saurait prendre le temps de comprendre la complexité de problèmes interreliés. Les solutions sont en apparence simples et univoques afin d'obtenir une adhésion immédiate sans donner prise à la moindre hésitation. Le patron ne demande pas mieux que d'accepter cette fiction pour ne pas avoir à s'activer lui-même.

Le risque de cet arrangement est double pour l'adjoint. S'il réussit, on pourrait en venir à lui accorder trop d'importance dans l'entreprise et le patron pourrait en prendre ombrage. En réalité, mieux vaut être sous l'ombrage de quelqu'un que sous le feu brûlant d'un autre. Certains patrons l'ont très bien compris, fort heureusement.

Si l'adjoint se trompe, le patron n'hésite pas à lui faire supporter publiquement son échec et à le sacrifier pour protéger sa propre réputation. Il navigue donc entre deux écueils : réussir en public et se faire congédier en privé ou se tromper en privé et se faire congédier en public !

Si le patron somptuaire donne à tous l'impression d'avoir un rythme de *lièvre*, on pourrait penser que c'est habituellement parce qu'il est soutenu par un adjoint qui fonctionne au rythme de *tortue*. Ce dernier maintiendrait ainsi en place un filet de sécurité qui permettrait au lièvre de retomber sur ses pieds à chaque saut périlleux.

En fait, un tel arrangement exige de l'adjoint une rapidité et une flexibilité exceptionelles pour tenir et rendre compte de tous les imprévus, tout en s'ajustant au calendrier des présences épisodiques du somptuaire. À un certain niveau, il protège le somptuaire contre lui-même afin de maintenir la crédibilité de l'équipe dont il fait partie.

Le boulomane

Contrairement au somptuaire, le patron *boulomane* veut s'occuper de tout comme le sens de ce néologisme l'indique : celui pour qui le boulot est une véritable drogue. Il ne s'agit pas seulement d'une satisfaction dans l'accomplissement de la tâche. C'est plus que cela — un amour « maladif » qui le pousse à tous les excès pour justifier sa valeur à ses propres yeux de même qu'à ceux des gens qui l'entourent.

Sa fonction psycho possède toutes les caractéristiques de la personnalité hyperactive. Il est habituellement proactif. Il n'attend pas que les événements se présentent à lui ; il les provoque, de peur qu'ils ne se déroulent sans lui. Si son raisonnement est séquentiel, il le pratique avec une telle avidité qu'il en donne toutes les apparences matricielles. Son rythme témoigne de l'application de la *tortue* à laquelle vient s'ajouter l'intensité périodique du *lièvre*. Il vit pour son travail. Comme il y consacre déjà presque toute son attention, il doit se livrer à une véritable surenchère d'énergie lorsqu'il sent le besoin d'en faire encore plus pour répondre à ce qu'il croit être l'importance ou l'urgence d'une situation.

Les psychologues le décriraient probablement comme un *maniaco-dépressif* avec des cycles d'emballement et de découragement. Il se tient si près des détails qu'il en ressent tous les effets négatifs ou positifs. Il n'arrive pas à trouver la sérénité qu'apporte la maîtrise des grands développements de son entreprise. C'est à la fois un *coq* et un *hibou* qui force son endurance et celle de ses collaborateurs. Il ne reconnaît jamais les effets de la fatigue, pas plus chez lui que chez les autres. Il est un candidat idéal pour le *burn-out*, cet épuisement qui peut mener au bout de la résistance physique et psychologique.

Il confond pouvoir d'expert et pouvoir délégué. Il se croit obligé d'avoir le dernier mot dans toutes les étapes de la prise de décision au lieu de conserver son énergie et sa marge de manœuvre pour la dernière étape, la prise de décision. Il étend sa fonction techno à la limite de sa compétence. S'il est parvenu à son poste par la filière comptable, il cherche à transformer tous les problèmes en équations comptables. Il se donne l'illusion d'être indispensable et justifie ainsi, à ses yeux, le temps personnel et la vie privée qu'il sacrifie au nom de sa boulomanie.

C'est une superstar qui est incapable de travailler en équipe. Cette faiblesse, Pierre Brodeur, président de Steinberg au Québec, avait réussi à s'en guérir après avoir été à 16 ans le joueur étoile de l'équipe de basketball de l'Université McGill. « Si j'avais été un véritable joueur d'équipe, McGill se serait rendue en finale canadienne. » Fort de cette leçon, il a formulé une pensée de départ : « La majorité de mes collaborateurs sont plus forts que moi. Mon travail consiste à faire en sorte que tous produisent à la mesure de leur talent» (Commerce, 07-89).

Il faut bien admettre que le patron sest forcé d'agir en boulomane s'il n'est pas entouré d'adjoints compétents. En lisant ce livre, il pourra apprendre soit à développer les compétences de ses adjoints, soit à développer la compétence d'en choisir qui ont les qualités recherchées.

Les symptômes de la boulomanie chez un patron sont très faciles à identifier. Il ne peut confier à son adjoint que des détails dont il s'empresse de vérifier ou même de reprendre l'exécution. S'il exige de l'adjoint des fonctions PST parallèles, c'est qu'il a peur d'une symétrie qui pourrait remettre en question son propre comportement.

Il faut se méfier du discours du boulomane. Il se plaint souvent d'avoir trop de travail. Il se décrit volontiers comme un *paresseux contrarié*. Mais il ne trouve jamais l'occasion de prendre un congé ou des vacances. «Il a tellement de choses à faire !»

Le psychiatre Tooru Sekiya parle du «symptôme des vacances» qui serait, d'après lui, propre à son peuple. Des cadres ne peuvent supporter d'être loin du bureau. Leur famille s'est créé une vie indépendante. Ils n'ont plus aucun lien avec elle. Pour le week-end ou les vacances, ils craignent même de rentrer à la maison, qui leur semble un milieu totalement étranger (Business Week, 07-04-86). Il faudrait ajouter que, contrairement à ce que pense le psychiatre, ce phénomène n'est pas réservé au Japon, même s'il ne se présente peut-être pas de façon aussi dramatique chez nous.

L'insécure

Contrairement au boulomane, ce patron n'aime pas son travail. Il est en pleine idéologie de type X (travailler pour gagner son steak, un point c'est tout). Sa tâche n'est pas une source de jouissance professionnelle, mais une cause de souci continuel. Il n'est jamais certain d'avoir pris la bonne décision. Il aimerait bien que son adjoint la prenne pour lui. Mais il n'est pas sûr de son adjoint! Comment le pourrait-il? Il n'est pas sûr de lui-même, et c'est lui qui l'a choisi cet adjoint!

C'est une *tortue* au raisonnement séquentiel. Il prend ses décisions après de longues et pénibles hésitations. Il voudrait bien s'entourer d'adjoints aux pouvoirs d'expert qui le rassureraient. Mais il a peur que leur compétence ne vienne perturber sa petite routine ou ne prouve qu'ils sont plus efficaces que lui. S'il fallait qu'ils découvrent son insécurité et s'en servent pour le dénoncer auprès de ses supérieurs, ou encore qu'ils réussissent à le déstabiliser émotivement. Il se méfie de leurs suggestions tout en voulant désespérément s'y raccrocher pour se faire valoir dans les grandes occasions. Il reste un solitaire craignant aussi bien les *coqs* que les *hiboux* qui pourraient profiter de ses moments de faiblesse pour découvrir ou démontrer son inaction ou son incompétence.

Mais la plupart du temps il ressemble à Dumbo, ce personnage d'un dessin animé produit par les studios Disney. Le jeune éléphant aux grandes oreilles voulait désespérément croire, comme lui avait suggéré son amie (son adjoint) la souris, qu'il pouvait voler. Pour le sécuriser, cette dernière lui donna une plume magique. Le jour où il perdit la plume en plein vol, il faillit s'écraser sur le sol.

Mais la confiance lui revint à la dernière minute et le film se termina sur le bonheur de tous les personnages concernés.

Si le patron insécure s'accroche à la magie de son adjoint, il lui en veut d'être la cause — même involontaire — de son manque de confiance. Il s'accroche à lui dans une relation ambivalente de dépendance et de culpabilité. On assiste alors à des phases de délégation puis de rejet. Ceci déstabilise l'adjoint, le rend faible dans certaines situations et finit par confirmer la conviction du patron qu'il est entouré d'incompétents mais lorsque les événements viennent confirmer les analyses ou les suggestions de l'adjoint, le patron ne reconnaît surtout pas le mérite de ce dernier, car alors il confirmerait sa propre incompétence.

> **CAS** « On croirait que mon patron a peur de moi. Il me donne toujours les tâches les plus difficiles. Si je ne les réussis pas, il me passe un savon en public. Si je les réussis, il prétend que c'est un coup de chance. Parfois, il ne me donne même pas tous les éléments d'un problème à régler. Après m'avoir laissé sécher pendant des heures, il se pointe avec les éléments manquants et, bien sûr, la solution. »

Le dépassé

Celui-ci ne sait pas pourquoi il est là. Il fut peut-être, un jour, à la hauteur de la situation mais il a perdu tout contact avec la réalité de l'entreprise. Il est peut-être écrasé par les nouvelles responsabilités associées à sa tâche ou victime d'un *burn-out* parce qu'il s'est trop dépensé pour atteindre ce poste. Il se peut que sa compétence technique ne réponde plus aux besoins de l'organisation. Spécialiste d'un procédé de gestion ou de production, il ne comprend plus, par exemple, ceux que l'informatisation a permis d'implanter.

Les cas sont nombreux. Les familles qui se sont disloquées à cause de cette exigence de performance constante sont très loin d'être rares. Certains soutiennent que la constance dans le travail et les responsabilités qui en découlent empêchent un investissement de temps équilibré qui laisse du temps pour la dose d'affection nécessaire à un être humain normal. Dans bien des cas, le problème est que le patron ne se considère pas comme un être humain normal. Il est le *boss*. Il se coupe de toute sentimentalité, même amicale. Il en vient à appliquer ce même conditionnement dans tous les aspects de sa vie. Et finalement, il « perd les pédales ».

Son pouvoir d'expert devenant dévalorisé, il s'accroche à son pouvoir délégué. Il semble s'intéresser au raisonnement matriciel, mais ce n'est qu'une façon de masquer son incompréhension de certains problèmes en essayant de les ramener à celui qui, dans l'ensemble, ressemble à ce qu'il a déjà connu. Les associations mentales qu'il en tire sont tout à fait aberrantes. Il a la tête partout et ailleurs. Il traverse des périodes de dépression qui ne sont souvent perceptibles que par des gens de l'extérieur. Il craint les confrontations qui se terminent toujours, pour lui, en catastrophes, révélant ainsi son manque de maîtrise de la situation. Il réagit parfois en faisant des colères exécrables. À d'autres moments, il est d'une nature tellement sensible et amicale que tout le monde le trouve d'une gentillesse sans égale.

C'est un faux grégaire qui cherche à s'entourer du plus grand nombre de personnes possible en se gardant le rôle de meneur de jeu sans jamais courir le risque d'entrer dans le jeu. En fait, c'est un solitaire malheureux qui cache souvent sa gêne en développant un pouvoir d'empathie. Il tente ainsi d'éviter les échanges basés sur le pouvoir d'expert car il ne pourrait en sortir que perdant.

S'il est conscient d'être dépassé, ce patron peut laisser son adjoint faire le travail en attendant de prendre un repos ou une retraite honorable. Il développe les facteurs PST perpendiculaires qui satisfont les besoins de l'entreprise. Dans le meilleur des mondes, celle-ci tolère l'arrangement en évitant le choc d'une démission provoquée, car elle devrait reconnaître avoir fait une erreur en nommant ce patron, et peut-être subir les inconvénients d'une lutte interne pour la succession. Elle se réconforte en souhaitant que l'adjoint puisse ainsi « faire ses classes ».

Mais se rappellera-t-elle de ses engagements informels envers l'adjoint quand arrivera le temps de remplacer le patron ? Plusieurs adjoints se sont retrouvés *le bec à l'eau* quand, dans un sursaut de rigueur administrative, on décida de faire place nette pour relancer un secteur ou une activité fonctionnant au ralenti, en raison de l'absence prolongée d'un leadership actif sur le terrain et d'une participation active aux plus hauts niveaux de décision.

S'il refuse d'accepter son état, le patron dépassé force son adjoint à pratiquer un double jeu : faire le travail et donner l'impression que c'est l'œuvre du patron. S'il ne fait pas le travail, le patron risque de perdre son poste... et lui, le sien. S'il le fait de façon trop apparente, il contribue à la marginalisation de son patron et peut provoquer, en bout de course, le même résultat. Il est lié à son patron par une complicité qui peut devenir malsaine pour la suite de sa carrière. Qui veut être associé à une barque qui prend l'eau ? Dans l'éventualité d'une erreur irréparable, l'entreprise départagera-t-elle les responsabilités ou en tiendra-t-elle rigueur au tandem patron-adjoint ?

S'il trouve un adjoint complice, le patron dépassé peut alors se donner un rythme de *lièvre*. Ses périodes intenses ne sont, en fait, que des phases de rattrapage au cours desquelles il prend connaissance des décisions préparées par l'autre. Cela lui permet de tenir un discours cohérent devant ses supérieurs.

Le patron « dépassé » semble exercer l'autorité ; son adjoint supplée en exerçant le contrôle. Le professeur Eugene Jennings de l'Université du Michigan décrit le danger suivant : « Lorsqu'on a un cadre supérieur qui ne sait pas comment gérer adéquatement, le personnel commence à croire qu'il est possible de s'en tirer avec n'importe quoi. On se dit, "ce que le patron ne sait pas ne lui nuit pas" ou encore "si je le dis au patron, ça pourra me nuire"» (Newsweek, 16-03-87). Il faut alors que l'adjoint devienne un portier actif et s'assure que les informations parviennent au bureau du patron. C'est là qu'il doit *pomper* la structure pour forcer la communication vers le haut et éviter les surprises.

Que faire ?

Si vous êtes un patron, nous sommes certains que vous êtes un patron actif. Mais il se peut aussi que vous ayez, au cours des années, développé certaines habitudes qui ressemblent à de l'inaction. Il n'est jamais trop tard pour corriger le tir. Une faiblesse dont on a pris conscience est déjà à moitié corrigée. Il serait peut-être utile d'avoir un bon échange avec votre adjoint sur ce sujet ? Établissez d'abord clairement les règles du jeu. Confirmez-lui que vous tenez à connaître sa perception de votre relation de travail et assurez-vous que vous êtes capable d'accepter les critiques sans lui en tenir rigueur. Les journalistes diraient que c'est une conversation *off the record*. Mais ne faites pas comme certains d'entre eux : ne commencez pas à y faire allusion, même en termes voilés, à la première occasion !

Si vous êtes un adjoint, nous osons croire que vous n'êtes pas condamné à travailler avec l'un de ces patrons à l'inaction chronique que nous venons de décrire. Toutefois, si vous décelez chez votre patron quelques éléments négatifs, demandez-vous d'abord si vous n'êtes pas en partie responsable de l'état des choses. Ne serait-ce pas pour vous donner un peu plus de marge de manœuvre ou pour s'adapter à votre fonction PST qu'il a développé certaines zones d'inaction ? Puis demandez-lui d'avoir l'une de ces conversations que nous venons de suggérer. Si vous n'osez pas le faire, offrez-lui un exemplaire de notre livre... ouvert à ce chapitre !

LES FAIBLESSES DE L'ADJOINT

Si le patron a des faiblesses, l'adjoint aussi en a. Il peut, lui aussi, les contrôler ou se laisser contrôler par elles. Si elles semblent moins graves que celles du patron, c'est qu'on suppose toujours que ce dernier a choisi volontairement de s'en accommoder. Or il est faux de croire qu'il est toujours conscient de ce qui se passe autour de lui. On a déjà dit que l'arbre peut cacher la forêt. Une tâche particulièrement bien remplie, même si elle n'occupe qu'une infime partie de la relation patron-adjoint, peut empêcher le patron de voir les torts que lui causent les défaillances ou même l'incompétence de son adjoint.

CAS « Ma secrétaire était excellente au téléphone. Elle savait reconnaître mes clients et détecter les importuns. Mais, durant une absence pour maladie, je me suis rendu compte que la remplaçante pouvait faire le double de travail. C'est alors que je me suis aperçue que mon « excellente » secrétaire passait la moitié de son temps au téléphone. Elle avait pris l'habitude d'entreprendre des conversations avec mes interlocuteurs. Nous avons eu, nous aussi, une bonne conversation. Et je lui ai fait comprendre que j'avais besoin d'elle pour mon courrier et mes dossiers et non comme agent de relations publiques. »

S'il se rend compte d'une faiblesse, le patron n'a pas toujours la possibilité ni l'autorité de remplacer un adjoint insatisfaisant. Aux gouvernements, les conventions collectives des cadres et professionnels prévoient des mécanismes extrêmement rigides pour le renvoi ou le remplacement d'un adjoint. Même dans les petites entreprises privées, le patron hésite à provoquer des chambardements qui pourraient laisser croire à une erreur de jugement lors de l'engagement ou du renvoi de cet adjoint, qui a partagé ses secrets et pourrait les vendre au plus offrant.

CAS « Il avait été mon principal conseiller dans la négociation de la fusion avec notre principal concurrent. Mais cela lui a monté à la tête. Une fois que les ententes ont été signées, il s'est mis à se promener dans l'autre usine comme s'il en était devenu le patron. Je lui ai rappelé qu'il manquait non seulement de politesse envers nos nouveaux associés, mais aussi de respect envers notre propre échelle hiérarchique. Il s'est montré vexé par mes remarques. J'ai alors découvert que ses talents de négociateur ne le servaient plus une fois que la négociation était terminée. Et, franchement, je n'ai plus vraiment besoin de lui. Mais est-ce par reconnaissance ou par crainte qu'il ne révèle pas certains de nos plans ? Je n'ose pas le congédier. »

Il est donc utile de connaître quelles sont les principales faiblesses de l'adjoint pour que celui-ci les corrige ou que son patron les détecte dès le départ et en tire les leçons appropriées. Ceci ne veut pas dire qu'il devra chercher l'adjoint parfait ; il n'en existe pas plus que de patron sans défaut. Mais il saura dans quelles conditions il devra travailler avec cet adjoint. Il ne pourra plus prétendre être surpris de son comportement dans la réalisation des tâches qui lui seront confiées.

L'exhibitionniste

C'est celui qui a de la difficulté à vivre dans l'ombre de son patron. Par la définition de son rôle, on s'attend à ce qu'il maintienne une transparence à toute épreuve.

L'environnement sollicite constamment l'adjoint qui a réussi à imposer sa compétence et son rythme de travail. Roger Hannoun venait d'être nommé chef de cabinet du ministre français des Finances, Pierre Bérégovoy. « Mais, barricadé derrière les dossiers en désordre sur son bureau, il n'entend pas renoncer, dans ses nouvelles fonctions, à son goût pour la discrétion. Mutisme. Si vous désirez en savoir plus sur sa personne, contentez-vous des témoignages de tiers. « Un directeur de cabinet, ça n'existe pas », décrète-t-il pour refuser au journaliste le jeu du portrait. S'en tiendra-t-il longtemps à cette non existence ? «Hervé est à la croisé des chemins. Homme d'influence, il peut désormais devenir homme de pouvoir», estime Alain Minc (L'Expansion, 16-03-89).

Même s'il s'en tient à l'influence que lui donne le pouvoir de son patron, l'adjoint peut chercher à illustrer cette influence par une série de comportements qui mettent en péril sa vocation de transparence.

Ce sont d'abord les signes extérieurs comme la place ou la décoration de son bureau. *Tortue* d'un patron *lièvre*, il accumule patiemment les témoignages concrets de gratitude (souvenirs «promotionnels» de fournisseurs ou cadeaux de collègues «reconnaissants») alors que son patron néglige un bureau dans lequel il se sent de toute façon étranger, jusqu'à ce qu'il constate l'écart défavorable entre les deux lieux de travail.

C'est aussi la fascination des titres soumis à l'inflation comparative. L'adjoint veut devenir *premier adjoint* ou *adjoint exécutif*. Il suit avec une attention maladive l'évolution de l'organigramme de l'entreprise afin de s'assurer qu'aucun de ses collègues ne réussit à imaginer un titre plus prestigieux que le sien.

Il cherche par tous les moyens à signer ses interventions. Il fait savoir qu'un dossier a été préparé par lui ou encore qu'un discours prononcé par son patron a été rédigé par lui. Il le dit ou, encore, il l'incruste (comme une marque de commerce) en prenant soin de se citer dans le texte.

Il va de soi que le patron a tout intérêt à signaler le travail de son adjoint. C'est une question de justice. C'est aussi la démonstration de son habileté à choisir un bon adjoint. Mais, dans une relation saine, le patron ne devrait même pas avoir à le faire, puisqu'il devrait être compris, par tous, qu'il ne saurait agir sans l'aide et les conseils de son adjoint. Cet aveu n'est absolument pas une reconnaissance de faiblesse de sa part, car l'action d'un adjoint devrait idéalement n'avoir qu'un seul but : renforcer l'action de son patron.

CAS

« Il a toujours su bien s'entourer. Je ne sais pas comment il fait pour s'adjoindre les plus brillants candidats que la banque engage au sortir de l'université.»

Il faut donc contrebalancer la discrétion obligatoire d'un adjoint et son besoin tout naturel d'exprimer sa personnalité à travers les produits de son action. Une trop grande préoccupation de son image risque de lui faire oublier ses devoirs envers l'image de son patron. Elle peut même le rendre suspect aux yeux de ce dernier, surtout s'il s'agit d'un insécure ou d'un dépassé.

«Seuls les épouvantails ont besoin de grelots. L'homme qui a besoin de se fabriquer une image n'existe peut-être pas suffisamment. Il est trop préoccupé par l'effet de ses paroles pour être de parole. Trop inquiet d'être présentable pour être vraiment présent» (Jacques A. Bertrand, Psychologies, 05-83).

Par ailleurs l'absence totale de moyens et d'occasions de rappeler publiquement sa présence auprès du patron ne favorise guère la motivation de l'adjoint. Même s'il était prêt aux plus grands sacrifices pour assurer les victoires du patron, on ne peut demander à l'adjoint d'oublier ses propres ambitions. S'il a un pouvoir d'expert, il souhaitera sûrement le voir confirmer par ses collègues qui travaillent dans la même entreprise ou dans le même milieu. S'il n'a qu'un pouvoir délégué, il voudra s'assurer personnellement que les autres lui accordent une certaine crédibilité par la façon même dont il remplit ses tâches d'adjoint.

Dans bien des cas, ce besoin d'exhiber son influence est inversement proportionnel à la reconnaissance que le patron a pour son adjoint. L'important demeure la satisfaction qu'apporte la réalisation adéquate d'un mandat. En ce domaine, on demeure toujours dépendant de l'évaluation des autres. On se juge au tribunal de l'opinion qu'ils semblent avoir sur nos moindres gestes. La performance ne peut être évaluée par l'efficacité de son intervention. Il faut que quelqu'un d'autre confirme la valeur des résultats. Si le patron s'efforce de jouer ce rôle en exprimant sa satisfaction à chaque occasion, l'adjoint exhibitionniste sera moins tenté de chercher à l'extérieur la valorisation de son activité. Il se sentira moins obligé de signaler sa présence sur la place publique puisqu'elle sera déjà largement reconnue par le patron.

Le paranoïaque

Il a toujours l'impression que quelqu'un cherche sa perte. Il a peur de réussir trop vite et de ne plus être requis auprès de celui dont il a réglé les problèmes. Ou il a peur de ne pas réussir assez vite et d'être limogé pour incompétence. Quoi qu'il fasse, il trouve toujours une raison d'être inquiet.

« Chaque matin en Afrique, une gazelle se réveille. Elle sait qu'elle doit courir plus vite que le plus rapide des lions si elle ne veut pas être tuée. Chaque matin, un lion se réveille. Il sait qu'il doit courir plus vite que la moins rapide des gazelles s'il ne veut pas mourir de faim. Peu importe que vous soyez un lion ou une gazelle : quand le soleil se lève, vous faites mieux de vous mettre à courir ! » (Dan Montano, Montano Securities).

Le fringant

Il est comme un cheval de course qui piaffe avant l'ouverture de la barrière de départ. Il pousse son patron à lui confier des tâches susceptibles d'utiliser son trop plein d'énergie ou de compétence. Quand le patron ne répond pas à ses attentes, il interprète la moindre de ses paroles comme une autorisation de réaliser les projets qu'il lui avait soumis.

L'adjoint trop fringant oublie que le patron dispose du droit ultime de décision. Il en vient à croire qu'il a le devoir d'utiliser tous les moyens pour amener ce patron, trop prudent à son goût, à *voir la lumière* et à comprendre enfin la valeur et l'urgence de ses suggestions.

Ce type d'adjoint est focalisé sur la concurrence. C'est un sportif qui aime les défis. Pour le plaisir de faire monter son taux d'adrénaline, il prend des risques que le patron finira, malgré lui, par être obligé de partager. Il n'est cependant pas certain que ce dernier apprécie tous les coups de force de son adjoint. S'il découvre que les avantages d'une action ont été volontairement surévalués, il ne mettra pas nécessairement en doute l'honnêteté de son adjoint, mais il commencera à se méfier de son jugement. Or, comment maintenir une saine relation patron-adjoint si le patron se sent obligé de conserver une attitude critique non seulement vis-à-vis du contenu, mais aussi à l'égard des intentions profondes de chacune des interventions de son principal collaborateur?

L'épisodique et le chronique

Chez le patron ou chez l'adjoint, les faiblesses peuvent être épisodiques ou chroniques. Si elles sont épisodiques, l'associé peut repérer les symptômes et modifier son comportement jusqu'à ce que la crise prenne fin.

Si elles sont chroniques, il faut d'abord que les deux associés en discutent avec tact pour éviter les blessures d'amour-propre, mais en termes assez clairs pour faire connaître leur seuil de tolérance. Puis ils peuvent se mettre en situation de thérapie, avec ou sans l'aide de consultants en management, en relations industrielles ou en psychologie.

L'important, c'est premièrement de s'en rendre compte et, deuxièmement, d'en discuter.

Comme le dit le professeur Laurent Lapierre des HEC : « Les gens qui réussissent sont conscients de leur vulnérabilité : ils savent qu'ils ont des faiblesses. L'important pour le manager, c'est de chercher et de découvrir ce qu'il savait déjà, mais qu'il gardait caché, couvert... qu'il n'osait pas accepter ou reconnaître. L'être humain est toujours en recherche. C'est à la personne de trouver pour elle-même, compte tenu de sa structure profonde, de ses forces et de ses faiblesses, compte tenu également de la tâche qu'elle a à accomplir au moment présent » (Les Affaires, 21-03-87).

5 LA VIE À DEUX

Nous avons déjà présenté les caractéristiques personnelles des deux partenaires, le patron et l'adjoint. Nous avons décrit les rôles que l'adjoint peut jouer auprès de son patron. Puis nous avons montré que ces rôles devaient tenir compte de la réalité vécue par le couple d'associés, c'est-à-dire les faiblesses qui appellent une suppléance de la part de l'un ou l'autre des deux partenaires.

Si nous employons le mot *couple*, c'est qu'il s'agit non seulement d'une association temporaire mais d'un *projet de vie à deux* qui ressemble, par bien des aspects, à celui de deux conjoints. Les caractéristiques (ces facteurs PST) et les faiblesses dont nous venons de parler ne peuvent être contournées ou masquées le temps d'une rencontre ou d'une sortie en public. Les deux partenaires sont *condamnés* à vivre ensemble pour le meilleur et pour le pire. Il y a dans la relation patron-adjoint une dynamique qui pourrait ressembler à celle d'un couple. Nous allons donc pousser plus loin cette analogie et décrire les différentes étapes de cette relation, depuis les premières approches jusqu'à la séparation finale.

UN MODÈLE HISTORIQUE : LE CARDINAL DE RICHELIEU

Nous avons pensé illustrer notre propos d'un exemple qui porte sur l'ensemble d'une vie. Comme vous avez pu le constater, jusqu'ici nous avons utilisé des exemples contemporains pris dans le monde de l'entreprise et du gouvernement. Vous comprendrez sûrement que nous ne pouvions aller très loin dans la description d'une vie sans risquer de porter un jugement que l'absence de recul ou d'information ne saurait justifier. Nous avons donc choisi un modèle emprunté à l'histoire de France, un personnage reconnu pour avoir été un habile serviteur de son patron. Il devait représenter divers caractéristiques qui définissent un bon adjoint : compétence, dévouement et habileté à faire face à toutes sortes de situations. Ce qui ne veut pas dire qu'il n'a pas connu de difficulté dans sa relation avec son patron. Mais tout cela fait partie de la vie d'un adjoint !

Même si vous n'êtes pas un fanatique de l'histoire de France, il est probable que vous avez déjà entendu parler de ce personnage. Il est aussi présent dans les livres d'histoire que dans les œuvres de fiction.

Le cardinal de Richelieu fut le premier ministre du roi Louis XIII et, dans ce rôle, le fondateur de l'Académie française et le défenseur des premières colonisations en Nouvelle-France. Il est aussi l'ennemi implacable des trois mousquetaires dans le roman du même nom écrit par Alexandre Dumas et repris, depuis lors, par de nombreux scénaristes.

Nous retenons de sa vie les éléments jugés utiles pour mieux comprendre la relation patron-adjoint et en tirer des leçons pour notre action quotidienne. Si vous vous découvrez un goût pour l'histoire, vous trouverez très facilement des ouvrages plus élaborés sur ce personnage.

Les premières approches : le flirt

Richelieu était un petit évêque de province, peu fortuné. Ce n'est que beaucoup plus tard qu'il devint cardinal, en récompense de ses services auprès du roi.

Il avait d'abord attiré l'attention de la reine mère qui exerçait la régence jusqu'à ce que son fils, le futur Louis XIII, ait atteint la majorité. C'est son facteur techno de gestionnaire et de fin politicien qui lui avait assuré une place à la cour, car il ne faut pas imaginer une royauté toute-puissante. À cette époque, le pouvoir du roi était contesté par les grands nobles qui, en maîtres de leurs provinces respectives, pouvaient s'opposer à lui et même faire alliance avec ses ennemis. La cour était un nid d'intrigues où l'on s'arrachait les postes officiels donnant accès à une partie des taxes qu'on réussissait à collecter auprès des sujets du roi... et en son nom. Les maladresses de la reine mère et l'insécurité propre à toute période de transition rendaient cette situation pire. Le défi pour le jeune Richelieu était de plaire à la fois à la reine mère et au futur roi sans se faire trop d'ennemis chez les nobles, qui intervenaient parfois avec leur armée personnelle pour imposer un de leurs favoris comme ministre ou haut-fonctionnaire de la cour.

Choisir entre deux patrons

Richelieu faisait la navette entre la reine mère et le jeune roi. Il se comportait comme le nouvel adjoint qui doit partager sa loyauté entre un patron en fin de carrière (volontaire ou non) et celui qui semble destiné à le remplacer. C'est une position très inconfortable. Elle implique un équilibre délicat entre l'affirmation qui attire l'attention de tous les joueurs et la discrétion qui évite une association trop exclusive avec l'un d'eux. Richelieu avait besoin de la reine mère pour justifier sa présence à la cour. Mais il devait maintenir une certaine distance afin d'éviter d'être balayé en même temps qu'elle quand le jeune roi déciderait d'enlever tout pouvoir à cette femme pour laquelle il n'avait aucun sentiment filial.

Mais, comme on le sait, la relation patron-adjoint ne dépend pas d'abord de l'adjoint. C'est le patron qui en prend l'initiative et qui garde toujours la possibilité de la modifier unilatéralement. La reine mère rappelait constamment les mérites de son adjoint. Elle proclamait bien haut la gratitude que le royaume devait avoir envers celle qui lui fournissait de si bons ministres. Vaniteuse, en son for intérieur elle s'accommodait fort mal d'un adjoint qui avait des velléités d'indépendance. Le double défi de Richelieu était de confirmer son attachement à la reine et de le nuancer auprès du roi. Il ne réussit pas à le relever. Quand le roi prit le pouvoir, il exila de la cour la reine mère et tous ses favoris, y compris Richelieu qui se retrouva entre les quatre murs de son évêché de campagne.

En fait, et pour le grand malheur de Richelieu, la reine mère avait compris qu'elle pouvait influencer le comportement de son adjoint en prenant pour acquis ce qu'elle attendait de lui. Elle n'avait pas besoin de lui préciser les conditions de son travail ; elle n'avait qu'à définir son rôle aux yeux des autres pour que ceux-ci l'obligent à le réaliser. En annonçant publiquement ses attentes, le patron réduit la marge de manœuvre de son adjoint tout en lui facilitant l'exercice de sa tâche, dans la mesure où ce dernier l'accepte. Il consacre l'étendue (et les limites) non seulement du pouvoir délégué de l'adjoint, mais aussi des pouvoirs d'expert et d'empathie dont il peut faire usage dans l'exercice de ce pouvoir délégué. Richelieu ne pouvait plus faire état de son pouvoir d'expert auprès du roi puisqu'il était publiquement et irrémédiablement attaché au pouvoir délégué par l'autre partie du match politique qui était en train de se dérouler.

Bâtir une relation complémentaire : mariage ou cohabitation

Richelieu laissa retomber la poussière. Puis il fit connaître sa disponibilité pour reprendre du service à la cour. Le nouveau roi, Louis XIII, était victime de toutes les faiblesses qu'on peut trouver chez un patron. Son père, Henri IV, avait redonné une certaine gloire à un royaume déchiré par les guerres religieuses et les invasions étrangères. Il n'avait pas eu le temps de voir à l'éducation de son fils, qu'il avait laissé sous la coupe de la reine mère. Le futur roi passait son temps à la chasse en rongeant son frein. À la mort violente de son père, il s'enferma dans un monde de favoris dont la principale compétence était la chasse et les jeux. Il risquait de devenir un patron somptuaire en profitant des derniers avantages que lui offrait un titre dont la valeur s'effondrait sous le poids des intrigues d'amis qui s'arrachaient ses faveurs et d'ennemis qui s'arrachaient son royaume. C'est probablement pour défendre ces avantages qu'il fit appel à celui qui avait fait preuve d'un pouvoir d'expert. Il ne s'était pas découvert d'empathie pour l'évêque débarqué à la cour en s'accrochant aux jupes de cette mère qu'il détestait. Il eut toutefois le grand mérite de reconnaître la valeur d'un adjoint qui était prêt à le servir. On peut supposer que Richelieu n'avait pas non plus une grande affection pour cet homme qui n'avait pas su, dès le départ, profiter de ses talents. Mais le roi était seul sur les rangs : « the only game in town » comme diront plus tard les Américains.

C'est ce qu'on pourrait appeler un mariage de raison. Nous verrons plus loin les modes et conditions de sélection d'un adjoint. Signalons au passage qu'on s'illusionne trop souvent sur l'importance de l'empathie initiale entre un patron et un adjoint. Lorsque les entrevues de sélection ne sont pas menées avec rigueur, on risque de se laisser influencer par des éléments qui ne sont pas pertinents à la tâche prévue : parfois une phrase, ou même un costume qui plaît ou déplaît à la lumière d'une expérience passée. Il est certes difficile de bien travailler avec un individi qui présente — à son insu — des sources de blocage émotif, mais il faut donner la chance au coureur. S'il démontre qu'il peut courir à la vitesse souhaitée, on pourra toujours le convaincre de changer la couleur de son maillot !

Richelieu et Louis XIII ont appris à vivre ensemble. De somptuaire, le roi s'est reconnu dépassé. Il voulait être un bon roi, mais il ne savait pas comment y arriver. Son raisonnement séquentiel ne lui permettait pas de faire la relation entre les différents problèmes qu'il avait à traiter. Matriciel, Richelieu lui démontra qu'il fallait soumettre les nobles à son pouvoir et empêcher les royaumes voisins (Angleterre, Espagne et Autriche) de s'étendre aux dépens de la France. Si les nobles étaient maîtrisés, ils ne pourraient pas ouvrir leurs provinces aux troupes étrangères. Et si ces dernières étaient occupées à défendre leurs propres territoires, elles ne pourraient guère servir d'appui aux révoltes périodiques des nobles en mal de petites guerres ou d'expansion. Il fallait donc que le premier ministre fasse l'éducation du roi.

Mais le roi n'était pas le seul à apprendre son métier. Richelieu devait, pour sa part, apprendre à traiter avec le roi. L'éducation mutuelle est un long processus. Elle n'est réalisable que si les partenaires comprennent bien qu'ils ont des pouvoirs symétriques. Contrairement aux nobles, Richelieu n'a jamais contesté le pouvoir délégué (par Dieu) du roi. De très petite noblesse, le ministre n'avait pas l'ombre d'une possibilité d'être investi — *même par la fesse gauche* — de sang royal (et donc d'une partie de son pouvoir délégué) comme ce fut le cas de certains nobles qui se rattachaient à l'une ou l'autre des branches (même bâtardes) de l'arbre monarchique. Quant au roi, il pouvait compter sur la tradition du droit divin pour se reposer sur son pouvoir délégué. Il n'avait pas besoin, à l'instar de la plupart des patrons dépassés, d'exiger le maintien d'une image d'expert. Il lui était plus facile de l'attribuer — même publiquement — à son ministre.

À la lumière de ce qui précède, on peut dire que les pouvoirs symétriques semblent mieux assurer la relation patron-adjoint que les pouvoirs parallèles. Ces derniers risquent toujours d'occasionner une compétition malsaine, quand bien même ce ne serait que dans l'imagination de l'un des deux partenaires.

Laisser tomber un adjoint : la séparation

Et pourtant, le roi aussi souffrait d'insécurité. Non pas, comme nous venons de le dire, qu'il s'arrogeait un pouvoir d'expert supérieur à celui de son ministre, mais il n'arrivait pas à sélectionner les pouvoirs de ceux qu'il consultait. Il se sentait parfois indigne de son pouvoir délégué, s'il laissait à son premier ministre la préparation des prises de décision en exclusivité. Il semblait lui abandonner la gestion du royaume jusqu'au moment où, réunissant son conseil, il décidait de tout remettre en question sur la foi d'une autre expertise qui s'était affirmée avec plus d'énergie. Parallèlement à ce rythme de *lièvre*, Richelieu maintenait un rythme de *tortue* (mais avec la souplesse du chat, son animal préféré), qui lui permettait de tirer profit de son raisonnement matriciel. Il savait qu'il ne devait pas brusquer le raisonnement séquentiel de son patron. Dans les moments de vive insécurité, il s'appuyait sur sa connaissance des dossiers... et du roi pour reprendre la situation en main.

Mais la reine mère, de nouveau tolérée dans l'entourage du roi, avait repris sa tactique préférée. Profitant de la réaction agacée du roi à l'insistance pro-active de Richelieu, elle fit circuler le bruit que son fils allait congédier ce dernier et la reprendre, elle, en son conseil. Inutile de dire que le ministre s'était fait de nombreux ennemis parmi les envieux, particulièrement ceux qui tiraient profit d'alliances périodiques avec les grands nobles ou les princes étrangers (les pots de vin font partie d'une tradition historique et universelle !). Inutile de préciser que ses ennemis se firent un plaisir d'entrer dans le jeu. Le roi laissait courir.

Comme patron, le roi prenait de grands risques en ne confirmant pas tout de suite le statut de son adjoint. Il ne réalisait pas qu'il était lui-même victime de l'insécurité provoquée par une tierce partie. S'il avait des doutes quant à la poursuite de la relation patron-adjoint, il devait en discuter avec Richelieu et non laisser les autres guider sa conduite. Un adjoint qui ne jouit plus de la confiance officielle de son patron est un adjoint non seulement inefficace et inutile, mais un poids qui risque de déstabiliser le pouvoir de ce dernier.

Si l'adjoint se sent en danger, il peut essayer de vendre chèrement sa peau... ou celle de son patron. Il utilisera ses derniers morceaux de pouvoir pour se fabriquer un *parachute doré*. Ce sera alors la préparation d'un point de chute dans un coin douillet de l'entreprise et l'accumulation accélérée de crédits auprès de ceux qui pourront l'aider à s'y nicher. Tout cela se paiera à même les ressources que le patron avait mises à sa disposition pour des objectifs fort différents.

Conséquence plus grave pour le patron, l'adjoint *abandonné* peut transférer son pouvoir d'expert, enrichi par la relation patron-adjoint, à des concurrents ou à des ennemis. Un exemple contemporain est Lee Iacocca. Vexé du traitement que lui réservait le grand patron de Ford, il est passé chez Chrysler avec les résultats que l'on connaît.

La séparation et le divorce sont toujours des événements pénibles. Il n'est pas facile de mettre fin à une relation patron-adjoint, mais cela doit se faire entre les parties concernées. Le roi aurait pu convoquer Richelieu et lui expliquer qu'il souhaitait changer de premier ministre. Celui-ci aurait pu démissionner et se retirer dans ses terres avec tous les honneurs dus à ses anciennes fonctions et toutes les richesses accumulées durant leur exercice. Mais on n'avait pas encore développé le grand art de la démission, forcée en privé mais regrettée en public, tel que le pratiquent les présidents américains avec les secrétaires (ministres) devenus trop encombrants. À cette époque-là, les ministres déchus finissaient plutôt en prison ou sur l'échafaud. On ne peut pas dire que c'était la meilleure façon d'attirer les candidats à des postes d'adjoints !

D'ailleurs, c'est souvent à sa façon de traiter ses adjoints qu'on évalue le pouvoir d'un patron et cela, jusqu'à la séparation des deux partenaires. Comment le patron laisse-t-il *tomber* son adjoint ? Lui donne-t-il le temps de se trouver un autre patron ? Maintient-il une certaine complicité le rendant apte à recourir à son aide pour obtenir la collaboration d'un autre secteur de l'entreprise ? Facilite-t-il sa promotion éventuelle ou considère-t-il cela comme une contestation du pouvoir qu'il exerçait sur lui ?

S'imposer au patron

Des *âmes charitables* se sont fait un devoir d'informer Richelieu des rumeurs qui circulaient. On disait que le roi le ferait arrêter et emprisonner sur le champ s'il se présentait devant lui. Dans un moment de faiblesse, le ministre se crut perdu. Il alla se terrer dans son évêché et fit le compte des princes étrangers qui seraient prêts à lui offrir un asile sûr. À la cour, les courtisans célébraient la victoire de la reine mère. Le roi restait un éternel solitaire. (On prétend que Richelieu avait dû user de stratagèmes pour le faire coucher avec son épouse autrichienne afin de donner un héritier au royaume.) Il laissait aller les choses.

Après avoir fait le bilan de sa relation avec son patron, Richelieu décida de forcer les événements. Il revint à Paris et se présenta devant le roi. Toujours aussi indécis, le roi l'écouta faire le bilan de leurs activités communes. Le pouvoir d'expert de son adjoint était incontestable. Il sortit de son isolement et se présenta devant ses sujets en compagnie de son premier ministre. On peut imaginer les acrobaties et les courbettes que firent ceux qui étaient déjà en train de célébrer sa chute. Cette date est d'ailleurs connue sous le nom de journée des Dupes.

Il y a donc des occasions où l'adjoint doit forcer la décision de son patron. Après avoir évalué la portée de son pouvoir d'expert, ou même de son pouvoir d'empathie, il peut tabler sur sa symétrie pour convaincre un patron insécure de poursuivre la relation défaillante. Il serait illusoire de croire qu'une telle relation puisse se maintenir constamment au beau fixe. Elle perd de son attrait avec la routine quotidienne ; elle devient tendue sous la pression des défis organisationnels. Si le patron n'en prend pas l'initiative, ce sera à l'adjoint de renforcer la relation en se faisant périodiquement confirmer le contrat qui les unit. Il ne s'agit pas de développer de l'insécurité au point que le patron doive rassurer continuellement. Il se fatiguerait de le faire. La solution, c'est de se réserver une rencontre mensuelle exclusivement consacrée au bilan de la relation patron-adjoint. On pourra ainsi corriger le tir avant qu'il ne soit trop tard.

Prendre le pouls de l'organisation

Les victimes de la journée des Dupes furent les courtisans qui avaient prêté foi aux rumeurs. L'entreprise est un lieu de rumeurs. Il faut en prendre connaissance et en tenir compte puisqu'il n'y a jamais de fumée sans feu ! Mais il faut aussi savoir les interpréter. Qui a allumé le feu ? A-t-il été allumé volontairement... pour *mettre le feu aux poudres* ? Ou est-ce un feu accidentel, né d'un malentendu, qu'il sera facile d'éteindre ?

Richelieu était habituellement capable de décoder tous ces messages, car il s'était donné diverses sources de renseignement. Il avait lui-même des adjoints qui l'informaient sur tout ce qui se passait à la cour de France ainsi qu'à la cour des royaumes étrangers. Le célèbre Père Joseph fut l'une de ces *âmes damnées* (curieux.. pour un évêque et un moine !) qui circulaient incognito dans tous les milieux.

Le premier ministre avait une tâche de cuisinier. Il préparait les dossiers qui permettaient au roi de prendre (ou d'avoir l'impression de prendre) la décision finale. S'il devait aussi tenir le rôle de portier pour filtrer les informations qui risquaient d'alimenter l'insécurité de son patron, il ne pouvait le faire qu'en devançant ceux qui chercheraient à le court-circuiter avec une information prévilégiée. Qu'il soit portier, cuisinier ou plombier, l'adjoint ne peut se contenter d'être réactif dans la cueillette de l'information. Il doit être pro-actif et prendre constamment le pouls de l'entreprise.

Leçons à tirer de la vie de Richelieu

Pour le patron :

— ne pas limiter son évaluation des candidats à la façon qu'ils exercent leur fonction d'adjoint avec un autre patron ;

— ne pas confondre sa propre évaluation des candidats avec celle de leurs patrons actuels ;

— ne pas handicaper le travail de l'adjoint en montrant publiquement une baisse de confiance ;

— faire de son mieux pour que l'adjoint *fini* réalise une sortie honorable ;

— réévaluer périodiquement, avec l'adjoint, les termes du contrat initial.

Pour l'adjoint

— savoir quand se retirer de l'entourage du patron et quand s'y imposer ;

— définir un pouvoir complémentaire et ne pas donner l'impression d'aspirer à un pouvoir parallèle ;

— se méfier de l'illusion du pouvoir d'empathie avec un patron solitaire ;

— forcer le patron à établir un projet commun, qu'il relève d'un raisonnement séquentiel ou matriciel ;

— être pro-actif dans la recherche d'information, même s'il doit être réactif dans la préparation des prises de décision.

LA SÉLECTION

Le choix d'un adjoint est l'une des premières décisions importantes qu'un nouveau patron doit prendre. Il arrivera qu'il n'apporte pas assez d'attention à ce choix, ce qui pourra influencer grandement la suite des événements.

Les trois M : métier, milieu et monde

Nous avons déjà traité, dans les premiers chapitres, des questions de parallélisme ou de symétrie entre les facteurs PST du patron et de l'adjoint. Dans les faits, il faut admettre que l'identification de ces facteurs n'est pas toujours facile avant d'avoir travaillé avec quelqu'un. Ce n'est souvent que dans les contacts quotidiens qu'on apprend à connaître un associé. Et pour pousser notre analogie avec *la vie à deux*, rappelons les surprises des lendemains de nuit de noces alors que nos grands-parents se retrouvaient pour la première fois en dehors du contexte des fréquentations de salon. Or on n'en apprend guère plus sur la vraie personnalité d'un candidat en parcourant son curriculum vitae ou au cours d'une entrevue formelle de sélection que nos grands-parents n'en apprenaient en se touchant du bout des doigts sur le divan familial.

Il y a pourtant certains éléments qu'il est assez facile d'évaluer, même sans connaître vraiment les facteurs PST du candidat. Nous avons choisi de les appeler par trois mots commençant par la lettre M.

M.1 : *Le métier*

Le candidat connaît-il les tâches de l'adjoint? Les a-t-il déjà exercées, et si oui, avec quel succès?

M.2 : *Le milieu*

Le candidat connaît-il le milieu de l'entreprise, ou du moins du secteur de l'entreprise, dans lequel son patron doit exercer ses responsabilités?

M.3 : *Le monde*

Le candidat connaît-il le monde des affaires, du commerce ou de l'industrie dans lequel l'entreprise a des activités?

Ces éléments se retrouvent dans diverses situations. Ils peuvent aider le patron à évaluer la valeur d'une candidature et les chances de succès de sa relation avec le candidat.

Par convention

Avant même d'évaluer une candidature, il ne faut pas oublier que certains contrats de travail prévoient des mécanismes rigides de sélection. Il faut que le nouveau patron se renseigne dès que possible sur les implications d'une éventuelle convention collective de travail. On peut avoir prévu des modalités qui ne lui laissent pas une très grande marge de manœuvre. Il est toujours possible de contourner ces modalités contraignantes, si l'on tient absolument à un candidat. Mais il faudra la complicité du service du personnel qui saura bien, plus tard, rappeler au patron l'importance de sa collaboration. Les embûches administratives seront multiples et l'entrée en fonction de l'adjoint risque d'être retardée. Dans tous les cas, il faut se garder de faire à des candidats des promesses dont on ne pourra élégamment se défaire.

Par association

Le patron peut chercher à conserver, dans un nouveau poste, l'adjoint qu'il avait dans un poste précédent.

M.1 : Cet adjoint connaît bien les tâches que veut lui confier le patron. Il n'y aura donc pas de temps perdu à l'ajustement des deux personnalités.

M.2 : Si le couple patron-adjoint ne change pas d'entreprise, l'adjoint est déjà familier avec la culture en place. Il connaît sûrement les personnes avec qui il va travailler. Mais, s'il y a changement d'entreprise, le patron trouvera peu d'aide dans son nouvel environnement auprès d'un adjoint qui souffre du même désavantage que lui.

M.3 : S'il y a changement de domaine dans la même entreprise, la complicité déjà acquise peut aider l'adjoint à s'y ajuster. Mais s'il y a changement de domaine *et* d'entreprise, les risques sont grands que l'adjoint ne puisse fonctionner avec efficacité avant plusieurs mois. Il n'est pas certain, non plus, que son facteur techno corresponde aux besoins de ce nouveau domaine.

Par héritage

Un nouveau patron peut choisir de conserver l'adjoint du titulaire précédent. En apparence, il est plus facile de laisser les choses comme elles sont. Il n'y a pas de bris, en raison de la continuité des liens assurés par cet adjoint.

Les trois M donnent une même assurance. Cet adjoint connaît le métier, le milieu et le monde dans lesquels il fonctionne depuis des années. Mais cette expérience n'a-t-elle pas figé sa vision des choses ? Est-il prêt à s'ajuster à un nouveau patron ?

Le risque se déplace donc plutôt vers la zone des facteurs PST.

Par transfert

Le patron choisit l'adjoint d'un autre patron. Il arrive, dans la vie d'une entreprise, qu'on se livre à une véritable partie de billard. Un grand patron change et c'est toute la structure hiérarchique qui se met à bouger. Il y a donc de nombreux adjoints qui se retrouvent *orphelins*. On aimerait bien pouvoir les replacer. Pour cela, on pourra forcer un patron à bien étudier une candidature. On essaiera de lui démontrer que le candidat connaît parfaitement le métier. Mais s'il vient d'un autre secteur, il n'a pas d'expertise dans le milieu et le monde d'activité.

M.1 : Le candidat a déjà pratiqué les tâches d'adjoint. Mais ces tâches sont diverses. Le nouveau patron a-t-il besoin d'un plombier alors que l'ancien patron comptait surtout sur l'aide d'un cuisinier ?

M.2 : Par définition, cet adjoint travaillait dans un autre secteur de l'entreprise. Connaît-il bien le nouveau secteur ? Ne sera-t-il pas tenté d'y appliquer les valeurs développées dans son ancien secteur ? S'il vient de la division des finances, il pourrait être intéressant de profiter de son expertise ou des complicités qu'il y a conservées pour améliorer les opérations comptables de la division des ventes. Mais cela pourrait-il l'empêcher de tenir compte des particularités propres aux activités des ventes et l'amener à limiter ses interventions aux chiffres qu'il maîtrise plus aisément ? Si le patron choisit de fonctionner suivant des facteurs perpendiculaires (deux expertises qui se croisent sur des dossiers particuliers), il tirera profit d'une telle situation. Mais s'il fonctionne habituellement suivant des facteurs symétriques, il devra s'assurer que son cheminement et celui de son adjoint se rejoindront dans certains facteurs similaires.

> ☐ CAS « Mon nouvel adjoint est une vraie calculatrice ambulante. Tu lui donnes des chiffres, et il en sort toutes sortes d'études et de considérations fort utiles pour les prises de décisions. Moi, les chiffres ne me disent pas grand-chose. Je préfère jouer avec l'humain. Alors, quand les finances m'envoient des papiers, c'est lui qui s'en occupe. Et ça fonctionne très bien. »

Dans la variable M.1, il y a aussi les relations avec les membres de la filière dont le patron est responsable. Comment sera perçu le nouvel adjoint ? Si les rapports sont tendus entre cette filière et celle dont il provient, le verra-t-on comme un espion ou, pis, l'exécutant d'une tutelle plus ou moins officielle dans le bureau du patron ? Il faudra que ce dernier facilite son intégration et lui permette d'affirmer sa nouvelle allégeance au cours de rencontres avec ses collaborateurs.

M.3 : Puisqu'il vient de l'intérieur de l'entreprise, on peut supposer qu'il connaît déjà bien le monde dans lequel celle-ci a des activités.

Par promotion

Le patron fait d'un membre de l'entreprise son adjoint. Il espère trouver en lui des facteurs PST qui conviennent à sa personnalité. Il s'agit d'un choix de départ ou d'un long processus de sélection qui fait ressortir un candidat propre à la promotion.

M.1 : Le principal problème, c'est évidemment l'apprentissage des tâches d'adjoint. Quand il a choisi le candidat, le patron a probablement identifié chez lui des talents naturels le rendant apte à s'adapter rapidement à ses nouvelles fonctions. Mais il devra faire un effort supplémentaire pour préciser ses attentes et amener le nouvel adjoint à se mettre au rythme des autres adjoints dans l'entreprise. S'il s'agit d'un nouveau poste dans l'entreprise, l'adjoint devra agir avec prudence et découvrir par tâtonnement, ce que les autres patrons et les employés sont prêts à accepter de sa part.

M.2 : Si le nouvel adjoint reste dans la même filière, il aura les mêmes avantages que l'adjoint *par héritage*. S'il provient d'une autre filière, il aura les mêmes désavantages que l'adjoint *par transfert*.

M.3 : Par définition, il devrait connaître le domaine d'activité de l'entreprise. Mais son travail précédent peut l'avoir confiné dans un secteur très limité. Sera-t-il capable de s'en extraire et de tenir compte de l'ensemble des activités ?

En fait, les risques d'une promotion ont déjà été définis par le célèbre *principe de Peter* : «Les membres d'une organisation sont promus jusqu'à leur niveau d'incompétence.» Le patron doit s'interroger sur les raisons qui le poussent à choisir un candidat en particulier. L'impression qu'il a retenue de son fonctionnement est-elle liée aux conditions spécifiques du poste qu'il détient ou aux relations techniques qu'il a entretenues avec lui ? En sera-t-il de même dans le nouveau poste d'adjoint ? Malgré sa popularité dans le discours de certains gestionnaires, le principe de Peter est, bien sûr, caricatural. Il ne saurait dépasser le stade de mise en garde, car des milliers

de cas démontrent qu'il est loin d'être universel. De nombreux adjoints ont fini par être promus à leur niveau de
compétence après avoir passé des années à sous-utiliser
leurs talents dans des fonctions trop limitées.

Par importation

Le processus de sélection est ouvert. Aucun favori
ne part avec l'avantage de la connaissance acquise du
métier, du milieu ou du monde de l'entreprise. On est prêt
à importer quelqu'un du vaste monde extérieur.

On affiche le poste. On reçoit des candidatures. La
moitié sont rejetées parce qu'elles ne correspondent pas
aux critères demandés. Il y en a toujours qui prennent des
chances, au cas où... ! Dans sa lettre, l'aspirant-adjoint a fait
état de ses dispositions par rapport aux trois M.

Le candidat indique qu'elles sont ses connaissances
et ses expériences en rapport avec les tâches annoncées
dans l'affichage du poste. S'il connaît quelqu'un dans
l'entreprise, il s'est renseigné sur le futur patron et a ajusté
son curriculum vitae sur ce qu'il a appris de ses facteurs
PST. Par ailleurs sa lettre de candidature signale déjà deux
ou trois points en sa faveur et il invite (sans se faire
d'illusion) le jury de sélection à lire les détails dans le C.V.
détaillé à la lettre.

Étant en pleine opération de marketing personnel,
le candidat réussit à démarquer sa lettre des autres par un
petit détail qui frappe l'imagination. Il mentionne par
exemple un loisir ou un sport et en démontre, en deux ou
trois mots bien frappés, la pertinence dans l'exercice des
tâches de l'adjoint. Francis Lorentz, pdg du Groupe Bull
(informatique), n'hésitait pas à mentionner qu'il avait pratiqué le *aïkido*, un art martial qui réussit, selon sa propre
définition, « à transposer le momentum de votre opposant
en un mouvement qui travaille pour vous ». Le journaliste

qui l'interviewait pouvait conclure que si les projets de Lorentz, comme les réductions de coûts et l'internationalisation de l'entreprise, ne réussissaient pas, quelques mouvements d'aïkido pourraient peut-être remporter la partie ! (Business Week, 16-7-89).

Avant de comparaître devant le jury, le candidat astucieux s'est informé du milieu et du monde de l'entreprise. Il glisse nonchalamment dans ses réponses des éléments pour démontrer qu'il a fait ses devoirs de candidat *prometteur*. S'il est habile, c'est lui qui dirige l'entrevue, de telle sorte qu'il finit par en apprendre plus sur le poste et l'entreprise que le jury n'en apprend sur lui-même. Il peut ainsi mieux ajuster ses réponses à ce que ses interlocuteurs veulent entendre. En outre, il s'informe (de façon plus ou moins officielle) de son ordre de passage, car il sait que les premiers candidats rencontrés servent à dessiner le profil du candidat souhaité. S'il est censé être vu au début, il trouvera n'importe quel prétexte pour retarder l'entrevue jusqu'à ce que les membres du jury soient enfin prêts à s'intéresser aux candidats eux-mêmes plutôt qu'à l'harmonisation de leur point de vue.

Candidat à un poste d'adjoint

Comme nous venons de le démontrer, il n'est guère plus facile d'obtenir un poste d'adjoint que d'en accorder un. Lorsqu'un nouveau patron entre en fonction, il faut apprendre s'il cherche un adjoint. S'il semble préférer (et avoir la possibilité) d'en choisir un lui-même, il faut savoir si ce qu'il recherche est un adjoint intéressé... et intéressant.

À qui désire un poste, E. Pendleton James, le directeur du personnel de transition de l'ancien président Ronald Reagan, suggérait la démarche suivante :

«Jockey, connive, scheme, call in chits, become manic and pray» (Newsweek, 89/04/03)

En français, l'équivalent serait grosso modo : «Ayez recours à l'intrigue, à la complicité, aux manigances, aux passe-droits ; agissez comme un fou, et priez pour que tout aille bien.»

Le candidat peut faire connaître son intérêt directement par une lettre, un coup de téléphone ou même une rencontre *fortuite* planifiée à la suite d'une enquête approfondie des habitudes du patron qu'on veut *piéger*. Dans tous les cas, ces démarches auront d'autant plus de chances d'être entendues qu'elles auront été courtes et discrètes. À moins de chercher un adjoint-portier dont le facteur techno serait concentré dans les muscles ou les cordes vocales, le patron risque fort de ne pas accorder beaucoup d'intérêt à un individu qui s'acharne à lui imposer agressivement sa candidature. La légende de jeunes débrouillards qui ont réussi par divers stratagèmes plus ou moins spectaculaires à obtenir un emploi d'un patron, ne porte sûrement pas sur le choix d'un adjoint !

Le candidat plus subtil fait connaître son intérêt indirectement en faisant porter son message par des amis communs ou en faisant circuler des rumeurs dans le milieu ou le monde de l'entreprise.

Si la candidature est appuyée, ne serait-ce que discrètement, par quelqu'un en qui le patron a une grande confiance, elle a bien plus de chances d'être reçue avec bienveillance. De cette façon, il y a moins de risques d'erreur dans la lecture du dossier de candidature et il n'est plus nécessaire de vérifier (ou faire vérifier) les principaux arguments mis de l'avant.

| CAS | «Il avait à choisir entre un étudiant qui avait travaillé avec le même professeur que lui et une dizaine d'autres qui n'avaient pas eu le même avantage. Une petite lettre de recommandation de ce professeur a suffi à noyer tous les autres candidats dans l'indifférence la plus totale. Ils n'avaient plus aucunes chances contre celui qui était appuyé par l'homme qui

avait jadis servi de caution au patron. Ce dernier ne pouvait rejeter le jugement sur lequel s'était basée initialement toute sa carrière. »

Le même phénomène peut se produire à l'échelle de l'entreprise. En parlant de l'adjoint-portier, nous avons déjà signalé l'importance des rumeurs comme instruments d'information. Si tout le monde prend pour acquis la nomination d'un candidat, le patron se laissera peut-être convaincre par ce qui semble un choix populaire ou inévitable. Mais une telle situation peut aussi occasionner l'effet contraire.

Les nuances politiques

Dans toutes ces démarches, publiques ou privées, le candidat prudent se garde bien de donner l'impression d'être assuré d'emporter le poste. Il n'y a rien de plus déplaisant pour un patron que l'impression de n'avoir pas été été le grand maître de son choix. Ce serait très mal commencer la relation patron-adjoint que de sembler avoir ouvertement forcé sa main.

Par ailleurs, le candidat qui semble partir gagnant risque de réveiller de vieux ennemis ou de cristalliser l'opposition de ceux qui appuient d'autres candidats. Selon la vieille expression, c'est toujours le clou le plus sorti qui reçoit le premier coup de marteau.

Il arrive que le choix d'un adjoint soit soumis à des considérations autres que sa compétence ou les besoins symétriques du patron.

Au début de sa présidence, George Bush s'est battu pour que l'aile droite de son parti ne bloque pas la nomination de ses principaux collaborateurs. Mais ceux-ci ont dû, à leur tour, tenir compte de cet important groupe de pression dans le choix de leurs propres collaborateurs. « Le secrétaire d'État James A. Baker III, que la droite a toujours considéré comme suspect, s'est livré au jeu de sacrifice avec une certaine habileté. Il a résisté aux assauts des conservateurs contre son adjoint S. Eagleburger, longtemps associé à Henry A. Kissinger. Pour réduire les problèmes, il a laissé tomber un autre ancien adjoint de Kissinger, Robert D. Hormats, à qui il a avait songé donner le poste de sous-secrétaire aux Affaires économiques» (<u>Business Week</u>, 19-06-89).

LE PROTOCOLE D'ENTENTE PATRON-ADJOINT

Avant de finaliser l'embauche d'un adjoint, il est important de préciser les attentes de chacun. Il faut que l'adjoint sache ce que la patron attend de lui.

Andrei Gromyko, qui a servi d'adjoint aux Affaires étrangères à plusieurs dirigeants soviétiques, reprend au début de ses mémoires la phrase du Romain Sénèque : « Quand un homme ne sait pas vers quel port il se dirige, aucun vent ne lui est favorable».

Le protocole doit bien identifier les buts du patron et les objectifs qu'il fixe à son adjoint.

> **CAS** « Mon patron s'était fixé comme but de consacrer le plus gros de son temps à défendre l'image publique de la compagnie. C'était à moi, son adjoint, de voir à défendre la sienne à l'intérieur de la compagnie.»

Ces objectifs se concrétisent dans des actions quotidiennes. Il est important de les planifier et d'établir des modèles qui permettront à chacun de connaître la meilleure façon d'ajuster ses activités à celles de l'autre. Il ne s'agit pas de figer de façon absolue les comportements. Ceci détruirait la flexibilité qui est nécessaire pour suivre les événements. Mais une certaine répétition à *froid* des attentes mutuelles permettra de réduire les risques de malentendus dans le feu de l'action. La définition d'un protocole dans la relation patron-adjoint, c'est un peu comme la répétition pour un orchestre.

Le célèbre Herbert von Karajan résumait ainsi sa façon de diriger l'orchestre : « Je cherche d'abord, lors des répétitions, à atteindre la perfection mécanique et la maîtrise parfaite du détail. Puis, durant le concert, je laisse les musiciens jouer librement, de telle sorte qu'ils sont autant que moi responsables de la musique dans le partage d'une émotion commune » (TIME, 31-07-89).

Si les partenaires doivent jouir d'une certaine liberté, les éléments du protocole leur permettent d'évaluer l'écart entre les intentions de départ et les modifications apportées sous la pression des événements. Par exemple, le patron peut changer ses objectifs et oublier de le faire savoir à son adjoint. Or il n'y a rien de plus frustrant pour ce dernier que de découvrir, après un travail particulièrement laborieux, que le patron n'a plus besoin du dossier qui avait été commandé avec beaucoup d'insistance quelques jours plus tôt.

> « Un bon matin, les employés se faisaient dire d'escalader une montagne. Et juste comme ils allaient atteindre le sommet, ils se faisaient dire d'aller escalader une autre montagne » (Ryuzaburo Kaku, président de Canon, Business Week, 13-05-85).

Même s'il y a un contrat de travail, il ne définit que les obligations légales et financières de l'employeur et de l'employé. Document théoriquement public, il ne peut faire état des attentes de chacune des parties puisque ces attentes sont, entre autres, basées sur une vision personnelle de l'entreprise et des rôles que le patron et l'adjoint veulent y jouer. Ce sera plutôt dans un protocole d'entente informel, sous forme d'une discussion claire et franche, qu'ils pourront agencer leurs forces et faiblesses respectives. Cet agencement se concrétisera dans des scénarios qu'ils composeront ensemble relativement aux étapes et aux instruments de leur association.

La loyauté

Dès qu'on parle de loyauté, on entre sur un terrain miné d'exemples historiques. D'une part, nous avons en mémoire les exemples chevaleresques de loyauté héroïque allant jusqu'à la mort, d'un serviteur ou d'un lieutenant envers son maître ou son chef. D'un autre côté, il y a ces exemples sulfureux d'individus qui ont mis de côté leur conscience personnelle, familiale ou sociale pour obéir aux ordres de leurs supérieurs. On oscille entre le *beau geste* et le *crime contre l'humanité*.

Il est rare, dans l'entreprise, qu'on soit placé devant des choix aussi dramatiques. Mais l'un des associés peut découvrir, à la suite d'un geste anodin, que l'autre ne partage pas sa perception des obligations qu'ils ont l'un envers l'autre.

La loyauté, c'est la cohérence publique du discours et du geste des deux partenaires. Il est bien rare qu'un patron accepte que son adjoint se dissocie publiquement de ses actions. Mais ira-t-il jusqu'à l'empêcher de fréquenter, pour des raisons personnelles qui n'ont rien à voir avec le travail, des concurrents ou des opposants ? Le patron considère-t-il que son adjoint devrait faire approuver chacune de ses interventions à l'extérieur des quatre murs du bureau, sous prétexte qu'il est perçu comme le porte-parole de son patron ? On devine déjà la complexité de cette question, étant donné que les autres membres de l'entreprise ne sont pas liés par le même protocole. Si la culture de l'entreprise valorise les rumeurs et les bruits de corridor, les moindres paroles de l'adjoint seront interprétées comme provenant de son patron ou, pire, comme cherchant à critiquer sa position. Et même si ce n'était pas le cas, il y a des patrons insécures ou dépassés qui ne voudraient jamais le croire. Ils sont bien contents de profiter des talents et du travail de leurs adjoints. Mais ils ne veulent pas qu'ils acquièrent une présence trop visible sur la place publique, de peur qu'ils ne leur portent ombrage.

Pourtant le patron pourrait tirer de grands avantages d'une relation où l'adjoint serait admis à conserver une certaine distance par rapport à lui. Il aurait ainsi la possibilité d'avoir accès à des informations émanant des contacts maintenus par son adjoint avec les différents secteurs de l'entreprise. On sait que la priorité de ce dernier va au service de son patron. Mais on sait aussi qu'il possède une certaine marge de manœuvre pour exercer son facteur techno au meilleur de son jugement. Or il peut se dissocier de son patron sur des détails, mais l'appuyer sur l'ensemble d'un dossier.

CAS

« Quand il a appris que j'avais révélé notre coût de revient au client, il m'a traité d'imbécile, jusqu'à ce que je dépose sur son bureau le plus gros contrat que ce client nous avait jamais donné. Je savais que son principe de base était depuis toujours de ne rien dire là-dessus. Mais j'avais senti que cette nouvelle transparence me permettrait de convaincre le client. »

Le patron doit donc préciser, avec des exemples, ce qu'il entend par loyauté, de la part de l'adjoint et de sa part aussi. Si l'adjoint se *casse la gueule* sur un mandat, va-t-il le laisser choir comme un vieux papier-mouchoir ? Va-t-il se rappeler que c'est lui qui a planifié ou approuvé son intervention ? S'il veut un adjoint pro-actif, il doit l'assurer à l'avance d'un soutien absolu ou préciser ce qu'il est prêt à tolérer avant de mettre fin à la relation.

Il peut arriver que la loyauté signifie non pas la cohérence du geste et du discours entre le patron et l'adjoint, mais la discrétion dans le geste et le silence dans le discours. Ce ne sont pas nécessairement les patrons insécures qui enferment leur adjoint dans le cloître de leurs bureaux.

« Rien ne rehausse l'autorité mieux que le silence, splendeur des forts et refuge des faibles, pudeur des orgueilleux et fierté des humbles, prudence des sages et esprit des sots » (Charles De Gaulle, Le Fil de l'épée).

Ce ne sont pas non plus les patrons les plus solitaires ou les plus *tortue* qui imposent « la réserve vis-à-vis de l'extérieur — et notamment des médias — (qui) est une obligation professionnelle dont toute violation serait considérée par moi comme une faute grave » (Alain Gomez, Thomson, « ordre de service n° 2–82 », citée par L'Expansion, 30-03-89).

La critique

Quel niveau de critique ou d'opposition le patron est-il prêt à accepter ? Il ne s'agit pas d'une question théorique faisant appel à l'image qu'il voudrait bien projeter devant son nouvel employé. Il doit revenir sur le passé et observer rétroactivement son comportement. Dans quelles occasions a-t-il pu recevoir une critique de l'un de ses proches sans remettre en question sa relation avec lui ? Il aura ainsi une bonne idée de son seuil de tolérance. Et l'adjoint aura des points de repère.

Pourquoi ne pas convenir d'un signal d'alerte lorsque l'adjoint s'approchera un peu trop du seuil en question ? Un mot, un geste, c'est suffisant pour qu'il comprenne les risques de l'opération en cours. Pourquoi le laisser courir à sa perte... et à celle de sa relation avec son patron ? C'est donc à ce dernier de se bien connaître et de s'assurer que cette connaissance est partagée par l'autre. Sinon l'adjoint en aura vite assez de se brûler au contact d'une susceptibilité imprévisible. Il se taira et laissera aller les choses sur lesquelles il ne peut avoir aucune influence sans risquer de provoquer la colère ou, pire, le désengagement progressif de son patron. Or, dans une telle situation, c'est le patron qui perd les avantages des facteurs PST de son adjoint et, à son grand désavantage, sans qu'il s'en rende vraiment compte ! L'adjoint devient essentiellement réactif et développe un raisonnement séquentiel qui limite ses interventions à chaque cas qui lui est soumis.

Les ajustements

Il faut que les deux partenaires se réservent des périodes de temps pour vérifier l'état de leur collaboration. Cela ne peut être laissé au hasard des événements. Il est difficile de discuter d'un fonctionnement à long terme lorsqu'on est pressé de régler un problème. Et le patron risque d'oublier son adjoint dans sa course aux réunions et aux décisions que l'ensemble de l'entreprise lui impose. Il aura tendance à reporter indéfiniment une rencontre avec son adjoint, d'autant plus qu'il supposera que tout fonctionne pour le mieux. Il attendra les effets d'un malentendu qu'il sera peut-être trop tard pour corriger.

On rapporte que, dans le jargon du Pentagone à Washington, on valorise beaucoup le *face time*, ce temps-contact qui permet à l'adjoint de parler avec son patron. On dit même que le *night face* (contact de nuit) en dehors des heures de travail compte pour le double, et le *weekend face* (contact de weekend) pour le quadruple de la valeur du premier (Newsweek, 24-07-89).

C'est une façon d'évaluer l'importance que le patron accorde au travail de son adjoint.

Raul Gardini est président du Groupe Ferruzzi (agro-alimentaire, chimie). Contrairement à ses concurrents, il maintient une toute petite équipe de huit collaborateurs. Où qu'il soit — dans l'un de ses palais de Ravenne, Milan ou Venise, dans son ranch argentin de 50 000 acres ou à bord de son yacht de 24 mètres — il doit pouvoir les rejoindre par téléphone (Business Week, 03-07-89).

Par ailleurs, Lee Iacocca a installé chez Chrysler un programme de contacts que lui avait inspiré Robert McNamara, son ancien supérieur immédiat chez Ford. « Tous les trois mois, chaque responsable va voir son supérieur immédiat pour passer en revue avec lui toutes ses réalisations et définir ses objectifs pour le trimestre suivant. Quand l'accord s'est fait sur ces objectifs, le responsable les fixe sur le papier et son supérieur hiérarchique les contresigne. C'est McNamara qui m'a enseigné que la discipline à laquelle on s'astreint en écrivant les choses est le premier pas vers leur réalisation. On peut dans la conversation esquiver les problèmes en demeurant dans le vague, souvent sans même s'en rendre compte. Mais lorsqu'on couche ses idées sur le papier, on est tenu de se pencher sur les détails. Il est ainsi plus difficile de s'abuser... ou d'abuser autrui » (Iacocca).

Cette formule devrait être adaptée à une relation patron-adjoint afin de tenir compte de la spontanéité qui doit la caractériser. Les urgences pour lesquelles l'adjoint témoigne de son utilité ne sont malheureusement pas toutes prévisibles sur un calendrier trimestriel ! Néanmoins certaines tâches ou certains objectifs à plus long terme peuvent certainement faire l'objet de telles ententes.

La sortie

Si l'on dit que c'est avant le mariage qu'il faut prévoir les conditions du divorce, c'est au moment de l'embauche que le patron doit discuter avec son nouvel adjoint de la suite de leur carrières à chacun. Où espèrent-ils se retrouver dans 1, 5 ou 10 ans ? Étant donné les conditions actuelles de l'entreprise, combien de temps peuvent-ils espérer conserver leur poste ? Quels sont les postes qui pourront s'ouvrir au cours des prochaines années ?

Le patron doit aider son adjoint à mieux comprendre la politique et les traditions de l'entreprise. Que deviennent habituellement les adjoints lorsqu'ils se séparent de leur patron dans cette entreprise ou dans ce domaine d'activité ? Quel est le rythme des *sauts de chaise* ? Change-t-on souvent de poste dans ce milieu ? Le patron acceptera-t-il, sans se sentir rejeté, que son adjoint postule à un autre poste ? Est-il capable de vivre avec l'idée d'un adjoint qui, tout en faisant un excellent travail, se déclare toujours intéressé par une promotion ou un nouveau défi ? Quel degré d'intensité une telle recherche de changement peut-elle atteindre sans que ne déborde son impatience ? Comment fera-t-il connaître à son adjoint que leur relation tire à sa fin ? Là aussi une entente où sont précisés des signaux clairs évitera des malentendus conduisant à de faux ou à de mauvais départs.

CONCLUSION

Nous espérons que l'adjoint et le patron se sont retrouvés dans la description que nous avons faite de leur relation. S'ils ont trouvé une source de réflexion sur leur action commune, nous avons atteint notre but en écrivant ce livre. S'ils ont compris l'importance de cette action pour l'avenir de leur entreprise, ils ont atteint leur but en le lisant.

Nous allons continuer nos recherches sur le terrain et vous allez poursuivre vos activités dans votre entreprise. Les chemins des chercheurs et des praticiens vont se croiser afin de permettre aux uns de développer une meilleure connaissance de la relation patron-adjoint et aux autres d'en tirer une plus grande satisfaction.

Notre tâche d'universitaires, c'est de construire des modèles et des concepts qui éclairent l'action. Mais nous n'oublions jamais que les mots sont des ponts qui permettent d'atteindre d'autres rivages. Ils sont des lieux de passage. Une fois qu'ils ont été utilisés, il faut les mettre de côté et poursuivre son chemin. Si nos images vous ont permis de mieux comprendre votre situation et de l'ajuster à vos personnalités respectives, elles ne doivent pas être prises comme des guides universels. Vous devez maintenant les adapter à votre réalité, car la réalité de l'entreprise dépassera toujours les modèles qu'on voudra en tirer.

Comme le disait, il y a bien longtemps, le philosophe taôiste Tchouang-Tsu : « Pour pêcher le poisson, on emploie des filets mais, lorsque le poisson est pris, les hommes oublient les filets ; on emploie des collets pour attraper les lièvres mais, lorsque les lièvres sont pris, les hommes oublient les collets ; on emploie des mots pour exprimer les idées mais, lorsque les idées sont atteintes, les hommes oublient les mots. »

À vous de jouer !

BIBLIOGRAPHIE

ANASTASSOPOULOS, J.P. et J.P. Larçon, Profession patron, Paris, Flammarion, 1978.

BATESON, Gregory, Steps to an Ecology of Mind, N.Y., Chandler, 1972.

BROWN, W. Steven, 13 Fatal errors managers make and how you can avoid them, N.Y. Berkey, 1985.

BUS, François, Communiquer et manager à distance, Paris, Chotard, 1987.

COLTON, Elizabeth O. The Jackson Phenomenon, N.Y. Doubleday, 1989.

DAHL, Robert, Power and democracy in America, Univ. Notre-Dame Press, 1961.

FRIEDMAN, Thomas L., From Beirut to Jerusalem, Farrar, Strauss & Giroux, 1989.

GARRIC, Daniel, L'homme électribal, Paris, Grasset, 1972.

GROMYKO, Andrei, Gromyko, Paris, Belfond, 1989.

HERZBERG, Frederick, Job attitude : research and opinion, Univ. Cleveland, 1957.

IACOCCA, Lee, Iacocca, Paris, Laffont, 1984.

JONATHAN, L. et J. Anthony, The Complete Yes Minister — The Diaries of a Cabinet Minister, Salem House, 1987.

McGREGOR, Douglas, The Human Side of Entreprise, N.Y., McGraw-Hill, 1960.

MINTZBERG, Henry, Le manager au quotidien, Paris, Les Éditions d'organisation, 1984.

PARKINSON, Cyril Northcote, Parkinson's law or the poursuit of progress, N.Y., John Murray, 1958.

PASCAL, Blaise, Pensées, selon l'ordre établi par Jacques Chevalier, Paris, Livre de Poche, 1965.

ROGERS, Everett, Diffusion of innovation, N.Y., Free Press, 1983.

SILEM, A. et G. Martinez, Information des salariés et stratégies de communication, Paris, Les Éditions d'Organisation, 1983.